Relative Poverty

Governance in China

Empirical Investigation

and Policy Innovation

from the Perspective of

Family Transition

我国相对贫困治理

家庭跃迁视域下的实证调查与政策创新研究

曹艳春　叶怡君　等著

上海远东出版社

图书在版编目(CIP)数据

我国相对贫困治理：家庭跃迁视域下的实证调查与
政策创新研究/曹艳春等著.—上海：上海远东出版
社,2021
ISBN 978-7-5476-1762-5

Ⅰ.①我…　Ⅱ.①曹…　Ⅲ.①扶贫模式-研究-中国
Ⅳ.①F126

中国版本图书馆 CIP 数据核字(2021)第 222120 号

责任编辑　程云琦
封面设计　李　廉

我国相对贫困治理：家庭跃迁视域下的实证调查与政策创新研究
曹艳春　叶怡君　等著

出　　版　**上海远东出版社**
　　　　　　(201101　上海市闵行区号景路 159 弄 C 座)
发　　行　上海人民出版社发行中心
印　　刷　上海信老印刷厂
开　　本　710×1000　1/16
印　　张　15.25
字　　数　220,000
版　　次　2021 年 11 月第 1 版
印　　次　2021 年 11 月第 1 次印刷
ISBN 978-7-5476-1762-5/F·680
定　　价　78.00 元

前　言

　　本书研究探讨的内容包括：第一，相对贫困治理的相关概念界定；第二，相对贫困治理的前沿理论和研究方法；第三，相对贫困的测量研究，包括测量模型构建和贫困程度的划分；第四，家庭跃迁视域下我国相对贫困现状调查分析；第五，基于家庭跃迁模型的相对贫困治理成效与政策效果评估。

　　本研究的创新性体现在以下方面：第一，在我国全面开展相对贫困治理的新时代背景下，当前已有研究主要停留在相对贫困的概念界定、识别和衡量这一层面。然而，当前政府部门和学者对相对贫困的含义、标准和衡量方法虽然有一定的理论研究，但仍然存在较多分歧，没有推出统一的参照标准和原则。对于相对贫困治理，习近平总书记发出了号召。但是对各地民政部门的调查结果表明，各地民政部门关于相对贫困的认识还处于初级阶段，存在被动等待中央出台政策和提供"行动指南"的现象。对于相对贫困治理中存在的困境，相关部门还没有相应方案。从我国历年的政策实践来看，中央政府政策出台前，需要各地部门"破冰"和"先行实践"，从"试点实践"中探讨可以应用于全国、指导全国相对贫困治理的经验和模式。本书旨在以相对贫困群体为中心、以新发展理念为指导，创新相对贫困治理模式，探讨影响相对贫困治理成效的因素，深入研究提升相对贫困治理效率的方法，并进行相对贫困多元协同治理模式优选，为我国后小康社会实现全体居民高品质生活提供实效性的政策建议。

　　第二，认为我国亟需建立相对贫困多元协同治理机制。相对贫困与绝对贫困既有区别又有联系，主要的区别是除了"贫"的经济维度外，还涉及"困"的多种维度。多元协同治理有利于为相对贫困家庭"赋能"，实现相对贫困家庭跃迁。

第三，主张建立相对贫困家庭档案数据库，构建家庭跃迁指数，以家庭跃迁程度来衡量相对贫困治理效率；构建家庭跃迁模型和家庭跃迁指标体系，跟踪调查家庭的"基态－激发态－定态"，并以此作为相对贫困治理效率衡量的依据。

第四，主张以项目制建立相对贫困治理主体与客体、治理内容需求与供给的匹配机制。根据家庭跃迁模型的 7 个维度、21 个指标，建立面向各个不同家庭基态的项目，以项目来补齐相对贫困家庭的"短板"。

第五，根据家庭跃迁模型，绝对贫困家庭、相对贫困家庭和正常家庭分别在三个不同大小的轨道上运行，相对贫困治理的实质是为相对贫困家庭注入能量，促使相对贫困家庭进入正常家庭运行轨道。相对贫困家庭的跃迁包括三个状态：初始基态、激发态和最终定态。激发态的家庭仍会出现返贫现象，并不稳定。达到定态的家庭则进入正常家庭运行轨道，实现了家庭的长效跃迁。

最后，本书在扎实推动共同富裕的时代背景下，提出了实现家庭跃迁和共同富裕，为党和国家的政策制定与执行提供参考的政策建议。

目　录

第一章

绪　　论

第一节　研究背景和意义

一、研究背景

2020 年,中国率先实现联合国《可持续发展目标》所确定的到 2030 年消除贫困的目标。2021 年 2 月 25 日,习近平总书记在全国脱贫攻坚总结表彰大会上指出,我国脱贫攻坚战取得了全面胜利,现行标准下 9899 万农村贫困人口全部脱贫,832 个贫困县全部摘帽,12.8 万个贫困村全部出列,区域性整体贫困得到解决,完成了消除绝对贫困的艰巨任务。当前,中国居民已全面消除绝对贫困,进入后小康社会阶段。建立解决相对贫困长效机制成为当前最紧迫和最重要的任务。

在我国全面开展相对贫困治理的新时代背景下,当前已有研究主要集中于相对贫困的概念界定、识别和衡量。本书将视角转变为"以相对贫困群体为中心"、以"新发展理念"为指导来创新相对贫困治理模式。在对其他国家关于相对贫困标准、帮扶模式研究基础上,通过在我国进行实地调查,探讨影响相对贫困治理成效的因素和提升相对贫困治理效率的方法,并进行相对贫困多元协同治理模式优选,为我国后小康社会实现全体国民高品质生活提供实效性的政策建议。

二、研究意义

(一) 理论意义

1. 确立我国相对贫困的识别和衡量机制

当前,我国刚刚进入解决相对贫困建设周期。国内没有权威的相对贫困识别和衡量机制。本书借鉴国外理论,结合中国国情,试图建立有中国特色的相对贫困识别和衡量机制,具有理论创新性。

2. 克服国内研究的不足

我国相对贫困相关研究存在三个方面需要改进的地方:一是需要系统阐述新一阶段相对贫困的概念和内涵;我国到目前为止还未对"相对贫困"的概念进行官方权威界定,相对贫困概念和内涵需要学术界进一步探讨;二是在实践中,我国政府对相对贫困的标准划定,主要使用单一的收入维度,未能全面考虑其他发展维度;三是没有构建多维度的相对贫困评价指标体系[①]。本书在实证研究的基础上运用定量方法分析相对贫困的相关内容,并提出相应的长效帮扶机制,特别是在界定相对贫困标准方面,力争确立可供参考的相对贫困标准,为理论研究提供新的思路。

(二) 现实意义

1. 响应十九届四中全会的号召

2019 年 10 月,党的十九届四中全会提出,建立解决相对贫困的长效机制,是当前的重要任务,具有极大的紧迫性和重大的意义[②]。本书响应十九届四中全会的号召,为中国梦建言献策。

2. 契合国家治理现代化的战略目标

2020 年是脱贫攻坚收官之年,消除了绝对贫困,相对贫困还会长期

---

① 刘愿理,等. 后 2020 时期农户相对贫困测度及机理分析——以重庆市长寿区为例[J]. 地理科学进展,2020,39(6):960—971.

② 郑功成. 中国民生保障制度:实践路径与理论逻辑[J]. 学术界,2019(11):12—25.

存在。相对贫困的解决是当前面临的最大难题之一。从单维经济的绝对贫困到多维因素的相对贫困,解决方法和手段都需要全面突破。相对贫困的解决是城市治理和社会服务的方向,也是国家治理体系和治理能力现代化建设的体现。

第二节　研究目的和内容

一、研究目的

解决相对贫困问题不仅是实现共同富裕目标的必然过程,也是影响国民经济发展进程和构建社会主义和谐社会的关键问题。当前我国现行贫困标准下的绝对贫困人口全面脱贫,因此提出新的相对贫困标准就有非常重要的现实意义。本书的研究目的包括以下三个方面。

(一)揭示相对贫困的发生机理

通过对相关文献的阅读和分析以及进行实证研究,确定造成相对贫困现状的原因,找出相对贫困的发生根源。并以此为基础,设置新的相对贫困测量指标,为定量分析提供依据。

(二)界定新的相对贫困测量标准

找出相对贫困发生根源的目的,是为了界定新的相对贫困测量指标,本书在揭示相对贫困发生机理的基础上,通过实地调查并运用相关分析方法,得出全面的相对贫困测量标准,确定新的相对贫困标准。

(三)提出解决相对贫困问题的长效机制

界定相对贫困的测量标准,是为了更好地解决相对贫困问题。本书在实证调研的基础上,从宏观和微观两个方面提出切实可行的帮扶措施,为政府制定政策和精准扶贫提供可以借鉴的依据。

二、研究内容

通过多样的研究方法,探讨相对贫困的发生机制,并逐一进行分析,对我国正在面临的相对贫困问题做出合理的解释,界定新的相对贫困测量标准,提出切实可行的解决相对贫困的措施及建议。

首先,针对贫困问题进行初步探讨,确定本次研究方向。相对贫困这一问题涉及面广、发生因素多、影响深远。相对贫困问题存在于各个区域,社会个体发展差异较大,需进行全面文献查阅和整理。

其次,确定研究对象、研究方法和具体研究内容。选取我国相对贫困家庭作为主要研究对象,选择样本具有多样性,增加研究范围的完整性。

第三,探讨相对贫困发生机制。相对贫困问题的致因复杂多样,有来自国家的、社会的以及个人的多方面因素影响,值得深入研究探讨。家庭经济情况是判定居民是否处于相对贫困的主要参考因素。家庭人均收入一定程度上体现家庭经济水平,家庭经济水平较高,陷入相对贫困风险较小。除此之外,还有住房、就业、社会、保险、心理认知等多方面的影响因素,是否有个人住房、住房是否配备独立厨房及卫浴;家庭成员是否有稳定就业、薪资是否满足家庭支出;家庭成员是否有医疗保险、养老保险、失业保险、生育保险、工伤保险等社会保险,家庭居民是否认为自身处于相对贫困,社会是否认可家庭居民为相对贫困状态等,这些都作为影响相对贫困的因素进一步研究。

最后,根据调查内容进行具体分析,界定新的相对贫困适用标准,提出解决相对贫困的长效机制。

综上所述,本书从顶层设计的高度来探讨相对贫困的解决方案。将相对贫困的解决方案与国际接轨,解决相对贫困的长效机制具有中国特色和国际视野。对现有文献进行系统查阅,进行比较分析。搜集查阅国内外相对贫困研究相关文献,并分类整理;将不同国家解决相对贫困的方法进行比较研究,总结世界各国相对贫困标准对我国的启示。

本书从内容上看有几点特色:首先,衡量相对贫困人口的指标体系的建构及多维指标权重确定。其次,进行相对贫困的界定和衡量。构建多维相对贫困与测量指标体系和模型,为界定相对贫困提供新的方法和标准。第三,识别、跟踪、检测相对贫困人口的系统设计。本书设计了一个相对贫困识别和衡量的平台,在国内属于最早建立这一平台的研究之一。第四,本书构建了长效帮扶机制,提出富有时效性和可行性的政策建议。第五,本书专注于家庭跃迁的视角,以相对贫困家庭能获得实质性的跃迁作为相对贫困治理的目标,符合党和国家"以人民为中心"的号召。

第三节　国内外研究综述

一、相对贫困文献搜索和分析

陈超美教授研发设计的 CiteSpace 知识可视化软件以其强大的图谱绘制与解读功能成为当前学术界广泛使用的知识图谱绘制工具之一,其显著特征是整合不同的思维方式以在科学研究的基础上搭建基于文献的科学发现,通过文献共引聚类与引用突显分别展现该领域内的研究前沿与研究热点。本书借助 CiteSpace 分析软件统计获得 436 篇现有文献的共被引数据、关键词共现数据等,绘制并呈现出近二十年来我国相对贫困研究领域的可视化知识图谱,以此解读国内多维相对贫困治理的形成机制与核心内容,并通过图谱呈现的研究热点与前沿进一步探索我国多维相对贫困治理的未来发展趋势①。

---

① 曹艳春,叶怡君.国内多维相对贫困研究现状与前沿分析——基于 CiteSpace 知识可视化软件[J].统计与决策,2021(16):33—37.

本书在中国社会科学引文索引（CSSCI）中以"相对贫困"含"多维贫困"作为关键词检索条件，文献类型选择"不限"，发文年代设为"不限"，文献检索及下载时间截止为2021年7月1日，共得到442篇该领域内研究文献，经人工剔除综述类、报告类文献6篇，最终获得与研究主题相关的有效文献436篇。

(一) 文献发文量分析

各个年份的文献分布水平能够体现出某一研究主题在当年的研究热度与关注度。依据CSSCI数据库中的多维相对贫困文献数据绘制出文献分布图（图1-1），能够看出随着"十三五"时期国家脱贫攻坚政策中"相对贫困"这一概念的出现，国内学者对于多维相对贫困的研究在2016年进入快速增长阶段。由此可以将国内多维相对贫困研究划分为虚关注、弱关注和强关注三个时期：相较于虚关注期（1998—2007年）每年1—2篇的发文量，从弱关注期（2008—2015年）开始，相对贫困在反贫困领域内的研究热度逐渐攀升，平均每年的发文量上升到6.6篇；到了强关注期（2016—2020年），平均每年的发文量达到了71篇。总体而言，国内对于多维相对贫困的研究尚处于起步阶段，尤其是在2020年以后贫困治理方略中，相对贫困的关注度必将获得进一步加强。

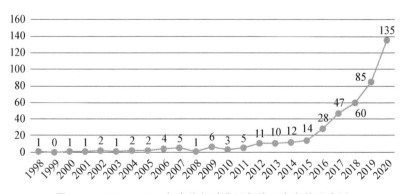

图1-1　1998—2020年多维相对贫困领域研究文献分布图

（二）文献共被引分析

在 CiteSpace 分析软件中，文献共被引图谱能够通过关键节点的连线与聚类帮助人们分析该领域内的高关注度研究文献及其演变过程。这里基于 1998 年至 2020 年 CSSCI 收录的相对贫困与多维贫困领域的文献数据，使用 CiteSpace 软件，节点类型选择"Reference"，切片方式选择"Pathfinder"，运行后得到的文献共被引图谱中共有 169 个节点、304 条连线，其中王小林是该领域内高被引论文作者（见图 1-2）。

图 1-2　多维相对贫困领域研究文献共被引图谱

结合表 1-1 中我国多维相对贫困研究领域内高被引文献汇总情况可以看出，与单一的相对贫困研究相比，多维贫困的研究更为广泛地在反贫困领域中产生影响。阿马蒂亚森的多维贫困理论是在单一的收入贫困基础上增加了相对于收入低下的能力贫困研究，在此基础上他将相对贫困纳入了多维贫困和能力方法框架，认为相对贫困是个人或家庭的权利相对被剥夺。王小林教授（2009）的高被引文献《中国多维贫困测量：估计和政策含义》一文对中国城乡居民的贫困维度进行了估计，估计结果显示除了收入以外的其他维度（住房、饮用水、卫生设施、电、资产、土地、教育、健康保险)对于居民贫困指数的贡献效果突出。此后如邹薇(2011)、张全红(2015)、郭熙保(2016)等学者纷纷通过 AF 多维贫困测量法分析城乡多维贫困人口的内部不平等因素,丰富了多维贫困理论在中国反贫困领域内的理论实践。郭建宇(2012)则基于 UNDP 关于 MPI 的测算方法对山西省贫困县人口的多维贫困指数进行了计算,结果显示教育、健康、饮用水等贫困指标的调整会提高收入贫困户的覆盖面,通过完善各多维贫困指标能够制定出更符合多维贫困人口发展策略的扶贫措施。王春超(2014)关注到农民工收入与教育两维度贫困的动态变化,教育水平低、教育投入少等问题会影响到农民工适应市场需求的能力,进而导致其陷入收入低下的多维贫困状态。

表 1-1　按年份排序的文献共被引分析(共被引次数大于等于 30)

年份	作者	CSSCI 期刊	文章题目	中心性	共被引次数
2009	王小林	中国农村经济	中国多维贫困测量:估计和政策含义	0.09	60
2011	邹薇	中国人口科学	关于中国贫困的动态多维度研究	0.12	43
2012	郭建宇	中国农村经济	基于不同指标及权重选择的多维贫困测量——以山西省贫困县为例	0.08	55
2014	王春超	经济研究	中国农民工多维贫困的演进——基于收入与教育维度的考察	0.06	57
2015	张全红	中国软科学	中国贫困测度的多维方法和实证应用	0.21	30
2016	郭熙保	经济研究	长期多维贫困、不平等与致贫因素	0.04	33

　　当前我国的相对贫困概念仍较为模糊,究竟是多维贫困中包含了相对贫困概念,还是相对贫困中涵盖了多维贫困指标,学界有关多维相对贫困的研究各成体系、说法不一。从文献共被引分析来看,多维相对贫困的研究特点表现为:一是发文时间集中在 2011—2016 年,这一时期国

内脱贫攻坚领域聚焦于精准扶贫政策导向，反映出研究者对贫困的理解更深一步；二是研究大多建立在多维绝对贫困的研究基础之上进行，即解决未达到全社会绝对生活水平的生存型贫困问题之后再考虑解决低于全社会相对生活水平的发展型贫困问题。

（三）关键词共线分析①

关键词共现图谱能够帮助研究者分析某一领域内的研究热点及其演变路径。本文在 CiteSpace 软件中节点类型选择"Keyword"，时间切片选择"2"，阈值选择 Top30（即以两年为分割点，选取两年中被引次数最高的前三十篇文献的关键词）绘制出多维相对贫困研究领域关键词共现图谱，图中共生成 97 个节点、126 条连线。如图 1-3 所示，高频关键词多维贫困、相对贫困、绝对贫困、收入贫困、贫困治理、脱贫攻坚等较为密集地聚落在图谱中心，体现了该领域内研究热点的集中性；四散周围的其他关键词如贫困识别、贫困标准、城市贫困、社会资本、多维贫困指

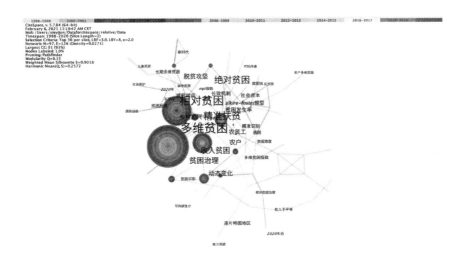

图 1-3 多维相对贫困研究领域关键词共现图

① 曹艳春，叶怡君.国内多维相对贫困研究现状与前沿分析——基于 CiteSpace 知识可视化软件[J].统计与决策，2021(16)：33—37.

数等则表明多维相对贫困研究具有多元化的切入点。

表 1-2 是笔者根据关键词共现图谱整理的高频关键词频次及其中心性统计表。从二十年的文献计量来看，"多维贫困""相对贫困""精准扶贫"是多维相对贫困研究领域的三个热点方向，而与"绝对贫困"相联系的"收入贫困"也是学界研究的一大热点；此外，"乡村振兴""脱贫攻坚"等关键词表明了学界与反贫困社会政策的紧密结合，自 2015 年党中央发布关于打赢脱贫攻坚战的决定开始，有关贫困治理与研究的文献与日俱增，极大扩充了反贫困领域内的理论体系，而 2017 年党的十九大报告提出实施乡村振兴战略的决议更是将乡村脱贫攻坚战推向了贫困治理新高度。与此同时，学者对于多维相对贫困的研究范围逐渐扩大，通过 AF 模型等方式识别多维贫困、估计贫困区间，在此基础上考虑如何增强反贫困政策的减贫效应从而降低贫困发生率。在图 1-3 的关键词共现图谱中，以相对贫困与多维贫困等关键词作为中心词呈现出相互交织的蛛网结构，显示了多维相对贫困领域内研究文献的交叉影响与密切联系。

表 1-2　根据频次大小排序的高频关键词统计表（频次大于等于 10 次）

序号	关键词	频次	中心性
1	多维贫困	230	0.73
2	相对贫困	156	0.46
3	精准扶贫	61	0.41
4	绝对贫困	56	0.12
5	收入贫困	25	0.28
6	贫困治理	23	0.23
7	贫困户	13	0.36
8	动态变化	13	0.33
9	脱贫攻坚	13	0.09
10	乡村振兴	12	0.21
11	农民工	10	0.16

为了进一步观测某一关键词在不同年份的变化程度，笔者利用 CiteSpace 软件中的"Burstness"选项对文献中所有关键词进行了突显词

检测,该方法能够通过深浅不一的时间段颜色表现出某一关键词在不同时间段的突变趋势,以此显示某些年份可能出现的研究转折点。如图1-4所示,从突显强度来看,"相对贫困"的突显强度最高(13.75),是多维相对贫困研究领域内受广泛关注的研究前沿;"绝对贫困"的突显强度位居第二(8.73),表明这一时期内学者对于相对贫困的研究大多是建立在绝对贫困研究的基础之上进行,尤其是在农村地区扶贫开发进程的推进下,人口贫困的治理之道已经从解决单一的温饱问题转入多样化的发展问题。从突显时间来看,"相对贫困"与"绝对贫困"的突显起始年份都是在2002年,但"绝对贫困"的突显持续时间最长(17年),结合国家扶贫政策的历程,2013年提出的"精准扶贫"一词对于学术界研究侧重点的转变起到了关键作用,关键词"多维贫困"在2014—2015年间出现了突显,表明研究者在对绝对贫困与相对贫困的研究领域中不断扩充研究的深度和广度,强调提高减贫效率与持续性。

高被引文献中的12个突显关键词

关键词	年份	强度	开始	结束	1998-2020
相对贫困	1998	13.75	2002	2013	
绝对贫困	1998	8.73	2002	2015	
农民工	1998	2.62	2014	2017	
多维贫困	1998	2.53	2014	2015	
测度	1998	1.87	2014	2017	
精准扶贫	1998	4.36	2016	2017	
不平等	1998	2.09	2016	2017	
贫困测度	1998	2.09	2016	2017	
可持续生计	1998	1.76	2016	2017	
社会资本	1998	2.8	2018	2020	
收入贫困	1998	1.97	2018	2019	
收入不平等	1998	1.51	2018	2019	

图1-4 1998—2020年多维相对贫困研究关键词突显图谱

此外,综合近五年来的多维相对贫困文献解读,"贫困测度""精准扶贫""可持续生计""社会资本"等关键词的涌现体现了学界对于多维相对贫困识别与治理的有益尝试,从而为构建更为合理的多维相对贫困识别与衡量体系提供借鉴意义。

(四) 关键词聚类分析

在对多维相对贫困领域内关键词共现与突显分析的基础上,本研究运用 CiteSpace 软件对关键词按照"LLR(对数似然比)"计算方法进行聚类分析,如图 1-5 所示,该图谱的模块值为 0.15,介于 0—1 之间,表明模块结构较为合理;平均轮廓值为 0.9018,大于 0.7,表明该聚类结果是令人信服的。图谱中共显示了 #0(乡村振兴)、#1 绝对贫困、#2 相对贫困、#3 精准脱贫、#4af 方法、#5 收入贫困、#6 精准扶贫、#7 贫困村、#8 农户家庭 9 个聚类类别,包含了多维相对贫困领域内的主要研究主题。

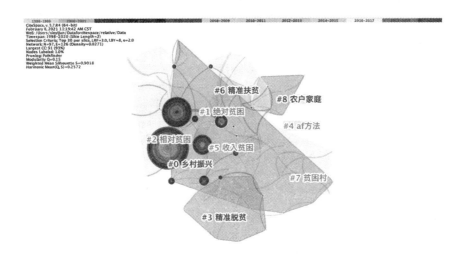

图 1-5　多维相对贫困研究关键词聚类图谱

笔者在整合图 1-5 的聚类结果后得到表 1-3,即将多维相对贫困领域内的研究重点分为贫困人口研究、贫困类型研究与贫困治理研究三大类。

表 1-3　多维相对贫困研究关键词聚类分析

聚类序号	聚类名称	聚类数量	研究重点
#7	贫困村	5	贫困人口研究
#8	农户家庭	5	

聚类序号	聚类名称	聚类数量	研究重点
♯1	绝对贫困	13	贫困类型研究
♯2	相对贫困	12	
♯5	收入贫困	10	
♯4	af方法	11	贫困治理研究
♯0	乡村振兴	13	
♯3	精准脱贫	12	
♯6	精准扶贫	6	

第一类是贫困人口研究,主要包括♯7贫困村和♯8农户家庭两个聚类,涉及的关键词有"社会资本""贫困状态转化""多维贫困度量""致贫因素""多维贫困指数"等。陈烨烽(2016)、刘一伟(2018)、苏静(2019)等学者纷纷从低保政策、金融政策、扶贫政策等视角探讨了农村多维贫困问题,着重分析了贫困村、贫困户的贫困特征与减贫对策。贺志武(2018)从社会信任、社会规范、社会声望和社会网络四个方面实证社会资本对农村贫困地区居民的多维贫困状况具有异质性影响,反贫困政策应当发挥社会资本作用以促进贫困人口转化不合理的生计结构、提高可持续生计能力。

第二类是贫困类型研究,♯1相对贫困包括了"多维贫困""减贫效应""空间溢出""贫困发生率"等高频关键词,♯2绝对贫困涵盖了"贫困线""社会保护""贫困标准""社会救助"等高频关键词,♯5收入贫困则汇集了"mpi指数""消费贫困""教育效应"等高频关键词,可以看出学者对于贫困类型的研究始终围绕着减贫这一最终目标,但相对贫困的量定标准相比绝对贫困而言更具复杂性和动态性。2019年以来,学界有关相对贫困问题的研究文献与日俱增,一些学者对于相对贫困标准的确定提出了新的思考,如程蹊(2019)在比较国际相对贫困标准线的基础上认为我国相对贫困标准的确定可按照上一年全国居民人均可支配收入中位数的40%来划定,从而能够满足居民"食物+基本服务需求"的最低货币消费。宁亚芳(2020)则认为当前城乡贫困状况的共同点表现为支出型贫困问题突出,差异则体现为农村贫困治理要考虑如何完善贫困人口的返贫阻断机制,因此以农村低保标准作为相对贫困标准线能够兼顾城乡差异性、降低城乡贫困治理政策的衔接成本。此外如李晓嘉(2019)、焦克源(2020)、左停(2020)等学者则从多维贫困视角分析社会性减贫政策框架对增进相对贫困群体持续发展能力的意义,表明了学者对于多维相对贫困研究的进一步深入。

第三类是贫困治理研究,♯4 af 方法、♯0 乡村振兴、♯3 精准脱贫、♯6 精准扶贫四个聚类体现了多维相对贫困研究领域内的政策导向和治理重心。其中,♯4 af 方法包含了"流动人口""贫困分解""经济贫困""贫困代际传递"等高频关键词。众多研究结论表明贫困代际传递问题不止存在于绝对贫困环境中,在多维相对贫困环境中也同样存在。如杨帆(2018)就从代际传递视角考察新生代农民工相对贫困的发生机理,父辈禀赋并不会影响农民工的经济相对贫困,但在不同的禀赋条件下会显著影响农民工的多维相对贫困。段义德(2020)则实证分析了教育对于农村人口的教育与收入具有代际传递特征,从而验证教育对于阻断相对贫困的适用性。

♯6 精准扶贫与♯3 精准脱贫两个聚类各有其侧重,前者强调通过前期对贫困的精准识别来帮扶贫困人口,后者则通过后期提高人的主观能动性以促进贫困治理的可持续性。例如何仁伟(2017)基于可持续生计的精准扶贫框架分析了典型贫困地区的贫困成因并相应构建本土化的多维贫困指标体系。丁建彪(2020)就基于精准扶贫脱贫政策对农村人口的收入类型和能力类型进行划分,为提高精准扶贫的科学性和效能性提供了多元化的考量方式。但从多维相对贫困的研究关键词来看,研究者多是将完善贫困识别体系与制定贫困帮扶措施相结合,但是对于多维相对贫困人口的能力提升研究尚未形成一个行之有效的理论体系。

(五)国内多维相对贫困研究历程分析[①]

如前文所言,我国对于多维相对贫困的研究大致可分为虚关注、弱

---

① 曹艳春,叶怡君. 国内多维相对贫困研究现状与前沿分析——基于 CiteSpace 知识可视化软件[J]. 统计与决策,2021(16):33—37.

关注和强关注三个时期。为了进一步反映国内多维相对贫困研究热点的演变过程,笔者使用 CiteSpace 软件中的"Timeline View"功能绘制出关键词时区图谱(图 1-6)。

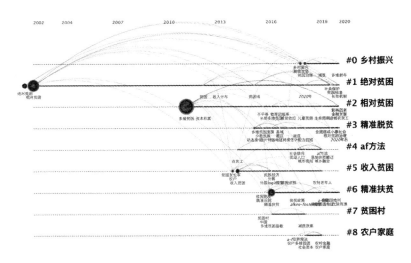

图 1-6　多维相对贫困研究关键词时区图谱

1. 多维相对贫困虚关注时期:1998—2007 年

1994 年国务院发布《国家八七扶贫攻坚计划(1994—2000 年)》,扶贫政策逐渐从单一救济式扶贫迈向多元开发式扶贫。彼时国内对于反贫困治理的重心落于解决农村八千万人口的温饱问题,贫困人口集中在生产生活条件恶劣、经济教育发展滞后的连片贫困地区,因此研究者主要围绕"绝对贫困"展开研究,在比较贫困类型的同时将这一时期的贫困人口判定为介于"绝对贫困"与"相对贫困"之间的特殊群体,总结出相对贫困内涵在中国的具体表现。

除了对农村贫困问题的重视,一些学者也开始将研究视野拓展至城市贫困问题尤其是农民工群体的相对贫困问题,认为这类跨区域流动群体在谋生过程中会受到户籍制度限制、社会资源匮乏等因素的影响,进而在城市环境中处于相对弱势地位。这一时期学界对于多维相对贫困的研究文献占比较低,但也不乏各种贫困理论比较与减贫对策分析,其中学者对于英国学者汤森(Townsend)的相对剥夺理论和英国经济学家阿马蒂亚·森(Sen)的能力贫困理论进行的比较研究,丰富了在中国境域内贫困概念的外延,为相对贫困的研究作出了指引方向。

2. 多维相对贫困弱关注时期:2008—2015 年

纵观中国的反贫困进程,政府公共政策的导向作用不可忽视。2001年,国务院颁布《中国农村扶贫开发纲要(2001—2010 年)》,标志着新世纪来临下国内反贫困事业进入一个新阶段。到 2007 年时,我国农村贫困人口已经由 2006 年末的 2 148 万人减少到 1 479 万人,贫困发生率降至 1.8%。但是在减贫政策的实践过程中出现如扶贫政策瞄准偏差、脱贫人口返贫几率高升等问题,进一步推动研究者在社会学、经济学、政治学等不同学科视角下找寻贫困治理政策的待完善之处。随着相对贫困人口规模的扩大,社会边缘人群的生活无法得到政策保障,绝对贫困线的局限性初现端倪。这一阶段涌现的关键词如"多维贫困""相对贫困""贫困线""收入贫困"等表明了部分研究者在反贫困问题中重新审视当前扶贫政策的目标定位,仅靠现有的最低生活保障制度无法满足相对贫困群体的生计发展需求。

3. 多维相对贫困强关注时期:2016—2020 年

从关键词时区图谱中可观察到,2016—2020 年间多维相对贫困研究关键词呈密集增长趋势。随着 2013 年"精准扶贫"政策和 2015 年"乡村振兴"战略的提出,"五个一批""县域""可持续生计"等高频关键词显示了这一时期减贫研究的对象、手段与目标,多维贫困的实证研究不断增加,多维贫困衡量指标的应用范围从贫困地区扩大到了全国省市;同时在精准扶贫脱贫的过程中,一些学者也关注到深度贫困地区中贫困"边缘户"的相对贫困处境对于治贫政策稳定性的影响。而 2019 年十九届四中全会以后,关于相对贫困治理的研究继续具体化到"多维剥夺""城市贫困""城乡融合"等研究热点,可以看出学术界不断注重反贫困治理的可持续性。

(六) 基于 CiteSpace 可视化分析的研究方向总结与讨论

本文在梳理 CSSCI 数据库中收录的 1998—2021 年间多维相对贫困

研究文献的基础上[①],通过绘制科学知识图谱帮助解读该领域的研究热点与发展态势。总体而言,国内学者对于多维相对贫困的研究方向与国家扶贫政策方向具有一致性,同时高被引文献也显示了学术界的反贫困思想具有理论上的前瞻性。结合前文的分析,本文认为在多维相对贫困研究领域亟需建立完整的贫困治理体系,并从以下三个方面推进治理进程。

第一,厘清多维相对贫困的"多维指标"与"相对内涵"。2020年以后解决相对贫困将成为反贫困研究的重要指向,但是从已有研究来看,学者对于相对贫困的多维性质,定义并不统一、明确。由于相对贫困涉及的层次更广更深,因此在相对贫困的衡量与界定上必须事先强调其与绝对贫困的差异性[②]。而相对贫困的"多维指标"应当建立在"相对内涵"基础之上,借鉴国际多维贫困标准的分类经验,将解决维持生存的基本需要和提供促进发展的基本服务全部纳入多维相对贫困的确定体系中。

第二,正视不平衡不充分的城乡多维相对贫困发展矛盾。贫困问题发展至今,衍化的多元贫困问题不仅对农村贫困人口的脱贫能力跟进提出新要求,也对城市边缘群体的发展型脱贫提出了新标准。过去几十年间,我国政府的扶贫视线一直放在农村地区、偏远山区及少数民族聚居地区,但是城市中的流动人口及无固定职业的低收入人口因无法够及政策帮扶门槛而游离于相对贫困线之外,城市相对贫困问题的减贫进程并未取得较大进展。城乡差异的长期存在势必要求反贫困政策从制度保障与社会支持等方面加以完善,在确定合理的多维相对贫困标准的基础之上,一方面从制度层面与传统的社会救助区分开来,建立一套城乡相对贫困人口保障与发展体系,另一方面从支持层面划分不同的相对贫困类型,将贫困类型与帮贫对策一一对应,着力提高相对贫困人口自我谋生的资源获取能力。

第三,构建扶贫主体互动的多维相对贫困长效治理机制。从文献计

---

① 曹艳春,叶怡君.国内多维相对贫困研究现状与前沿分析——基于 CiteSpace 知识可视化软件[J].统计与决策,2021(16):33—37.

② 王卓.中国现阶段的贫困特征[J].经济学家,2000(02):80—84.

量结果来看,当前学界对于多维相对贫困治理的研究侧重于从贫困成因谈治理手段,研究者往往基于教育、收入、健康、社会保障等外部环境分析多维相对贫困的成因,由此制定出贫困治理的可行方案。在贫困人口能力提升与发展等内生致贫因素方面,一些学者探讨了可持续生计理论在贫困治理中的应用,但是对于提升贫困人口主体脱贫意识从而增进贫困人口的长期可持续生计能力这一问题,目前的研究尚缺乏完整系统的理论体系。因此,2020年以后多维相对贫困问题的解决应当考虑从扶贫主体层面构建多元互动长效治理机制,以政府、企业、社会组织的广泛参与丰富相对贫困人口的外部资源要素,以贫困主体及家庭的"生存跃进"激发相对贫困人口的内部脱贫动力。

二、相对贫困概念界定研究

(一) 国外学者关于相对贫困的概念界定

20 世纪 50 年代,在英国,当绝对贫困的人口仅占总人口的 1.6%时,人们乐观地认为绝对贫困即将被完全消除。随着福利国家的建设和完善,人们满怀期待地迎接全面消除贫困时刻的到来。然而,英国学者汤森从多种因素的研究着手,提出贫困的含义在不断地适应社会发展,在不同时期呈现出不一样的形态,伴随着时间继续存在。之后,伦敦经济学院的相关研究者蒂特马斯(Titmuss)、斯密斯(Smith)等人对相对贫困的研究不断深入,探索出新的含义[①]。

相对贫困相比于绝对贫困来说,它是指个人或一个家庭在客观资源上拥有可以满足其基本生活的需要[②],但是整体生活水平低于社会的平均水平,并且在心理上存在着参照、被剥夺感。1949 年,美国学者斯托弗

---

① 杨立雄,谢丹丹."绝对的相对",抑或"相对的绝对"——汤森和森的贫困理论比较[J].财经科学,2007(01):59—66.

② 向德平,向凯.多元与发展:相对贫困的内涵及治理[J].华中科技大学学报(社会科学版),2020(02):31—38.

最早提出"相对剥夺"①一词,而默顿(2015)②以及其他多位学者不断研究探索,认为当人们之间进行对照,发现拥有的资源或条件处于劣势地位,和他人存在差异时,人们心中会产生一种被剥夺感。在此基础上,他们认为相对贫困不仅着眼于客观的物质条件,它还包括由对比所引发的心理上的相对剥夺。

1971 年,汤森认为不同的人在不同的岗位工作,因此需要的资源和环境也是不同的③。而传统的测量方法仅聚焦在单维度的因素,缺乏科学性,不适用于社会的不断发展。所以汤森提出"相对剥夺方法"④。除此,汤森还提出"贫困的相对收入标准方法",它是以家庭的平均收入的一定比率作为衡量标准。但是这种方法存在家庭类型和社会环境不同的影响,使得该方法存在一定的难度。因此,汤森又采取了"贫困剥夺标准"。他认为判断一个人是否处于贫困之中,需要从其所有的经济收入、就业条件、社会活动等资源的能力来判断,而这些资源需要从社会的分配和再分配获取。⑤ 由于社会是不断发展的,没有一个固定且统一的指标体系来科学测量是否贫困。因此,随着社会需求的变化,汤森的指标体系也在不断改变,从 60 个指标减少到 13 个。所以,从剥夺视角来看贫困,具有主观性和可变性的特征。汤森对于相对贫困的研究和观点的提出,解释了为什么随着社会的发展贫困依然存在,并从单一维度来判断贫困转向多维因素共同影响。

英国学者奥本默⑥(Oppenhenin)于 1993 年尝试从"机会被剥夺"的

① 付琳赟. 相对剥夺感视角下的三峡库区城镇移民生存状态研究——重庆市云阳县莲花市场和水库路的个案分析[J]. 科技与企业,2012(21):230—231.

② 默顿著. 唐少杰,齐心译. 社会理论和社会结构[M]. 南京:译林出版社,2015.

③ 杨立雄,谢丹丹. "绝对的相对",抑或"相对的绝对"——汤森和森的贫困理论比较[J]. 财经科学,2007(01):59—66.

④ Townsend, Peter. (1979) Poverty in the United Kingdom, University of California Press.

⑤ Schervish, Paul G. (1981) Review:Poverty in The United Kingdom:A Survey of Household Resources and Standards of Living,The Annals of the American Academy of Political and Social Science 456 (July 1981).

⑥ 魏月皎,葛深渭. 相对贫困理论及其治理对策的研究进展[J]. 贵州师范大学学报,2020(03):76—86.

视角来解释贫困的变化。他认为贫困是由于人们或一个家庭的生存资源如衣食住行、教育、就业、健康等资源获得的机会被剥夺,从而使得基本生活受到影响,不及社会的平均水平。罗伯特·坎勃(1995)[①]认为,贫困不是单纯的经济方面的物质缺失,而是包含话语权等,具有脆弱性的特征。它表现在对外无抗击性,对内无帮扶力,即无法应对突发性的风险和事件的发生。郭熙保、罗知(2005)[②]认为,1996 年 Strobel 提到从社会排斥角度来考虑贫困,指人们或家庭与社会存在脱离、断裂,被社会所排挤的状态。

1998 年,英国经济学家阿马蒂亚·森认为,虽然贫困存在随着社会的变化会导致其内涵有所不同,但是贫困的核心具有绝对性,即是否缺少获得基本生存的物质资源与机会的"可行能力"。[③] 除此,社会的表现如分配是否公平、政策是否恰当、公共资源是否充沛等都会影响到人获取资源和机会的能力。在贫困问题上,森提出识别和加总两个方面。而识别有收入和直接观察两种方法,加总则是运用"森指数"进行判别。

迪帕·纳拉扬等(2001)[④]从穷人的角度来解释贫困。他们认为贫困不仅仅是他人从表面上看到的物质的缺乏,而是应由身为穷人的人们自己说出贫困的体现,从而定义贫困的含义,具有客观科学性。

世界银行(2001)[⑤]定义贫困为"贫困不仅指物质的匮乏,还包括低水平的教育和健康,包括风险和面临风险时的脆弱性,以及不能表达自身的需求和影响力"。

(二) 国内学者关于相对贫困的概念界定

国内对于相对贫困的研究晚于国外,且还不成熟。随着社会的发

① Chamber. Poverty and Livelihood: whose Reality Counts? [J]. Economic Review, 1995(02): 173—204.

② 郭熙保,罗知. 论贫困概念的演进[J]. 江西社会科学,2005(11): 38—43.

③ 杨立雄,谢丹丹. "绝对的相对",抑或"相对的绝对"——汤森和森的贫困理论比较[J]. 财经科学,2007(01): 59—66.

④ 迪帕·纳拉扬,等. 谁倾听我们的声音[M]. 付岩梅,等译. 北京:中国人民大学出版社,2001.

⑤ 世界银行. 2000/2001 年世界发展报告[R]. 北京:中国财政经济出版社,2001.

展,我国在相对贫困的问题上也逐渐面临着凸显的问题。因此,相关学者的研究不断深入,来探寻适合于我国的有关相对贫困的概念界定。

李权超、陆旭(1999)[①]认为相对贫困是主观上的被剥夺感,这种感觉的强烈程度影响着相对贫困的轻重。它是一种心理上的感受,当与他人进行对照比较时,会存在差距,而随着差距的拉大,被剥夺感就会增强。关信平(1999)[②]和辛秋水(2013)[③]从剥夺视角出发,都认为相对贫困是指特定群体在特定的社会下,由于被剥夺而导致物质上和非物质层面的资源或机会缺失或丧失,进而影响着人们的生活。陈芳妹、龙志和(2006)[④]指出,相对贫困不是绝对上的收入多少,而是相对比较中的距离。他们通过"RD假设"研究农村群体不断迁移的目的是为了提高与其他家庭进行对比的相对收入,从而减弱人们心中由于差距所产生的相对贫困感。他们指出,相对贫困不是绝对物质上的落后,而是指人们心中与他人进行比较后所产生的被剥夺和差距感,从而处于相对贫困中。

丁谦(2003)[⑤]指出,相对贫困是对贫困人群状态的描述,是与社会平均水平在生存物质上和其他资源上匮乏,存在差距。张殿发、王世杰(2003)[⑥]指出,相对贫困是指个人或家庭的生活水平低于社会平均水平。它表现为多方面都低于平均水平的一种现状,从生存物质到教育娱乐等均不如整体社会层面的平均质量。李石新(2010)[⑦]认为,相对贫困是指与社会平均水平的差距。随着社会发展,该差距会发生变化。当社会的整体水平上升时,其平均水平必然提升,而相对贫困与社会的平均差距也会发生改变。这就决定了对相对贫困的标准和相应的救助措施应当随之进行改变,不断调整以适应不同。两者都指明了相对贫困是指群体的生活水平低于社会平均水平而受到影响。

① 李权超,陆旭.老年健康促进[M].北京:军事医学科学出版社,1999.
② 关信平.中国城市贫困问题研究[M].长沙:湖南人民出版社,1999.
③ 辛秋水.辛秋水文集上[M].北京:中国科学社会出版社,2013.
④ 陈芳妹,龙志和.相对贫困对农村劳动力迁移决策的影响研究——来自江西的经验分析[J].南方经济,2006(10):62—68.
⑤ 丁谦.关于贫困的界定[J].开发研究,2003(06):63—65.
⑥ 张殿发,王世杰.贵州反贫困系统工程[M].贵阳:贵州人民出版社,2003.
⑦ 李石新.中国经济发展对农村贫困的影响研究[M].北京:中国经济出版社,2010.

除了上述较多学者所提到的从地域发展、与社会平均水平的差距以及主观剥夺感受层面来界定相对贫困外,还有很多学者对相对贫困有不同的见解,如从社会公德层面、整体社会经济发展的结果影响等。

纪德尚(1998)[①]提出,我国的经济不断发展,会导致低收入家庭或人群出现生活质量受到影响或下降的情况,进而形成社会的相对贫困状态,这是一种不确定和无固定的群体会面临的状态。刘建华、张云松(2006)[②]认为,相对贫困就是低于社会的生活水平,处于贫困状况。它包含由于经济的增长导致贫困线的提升而落入贫困的群体,以及地域和阶级等存在差异而产生的对比贫困。

童星、林闽钢(2001)[③]指出,相对贫困是指低于社会公认的基本生活水平,并且缺乏扩大再生产的能力或耐力很弱。朱登兴、安树伟(2001)[④]认为,相对贫困应该从社会道德方面出发,就公平角度分析,发达国家主要为相对贫困,而发展中国家则是绝对贫困占据主体。吴海涛(2013)[⑤]认为,随着时间的推移和社会的发展,绝对贫困会在将来被基本消灭。而相对贫困则会成为未来的主流,并且它会随着收入差距的拉大而日益严重。

三、相对贫困的衡量方法研究

森在 1976 年创立了贫困评价指数。该贫困指数需要满足单调性公理和转移性公理。贫困指数用确定的和一定量的贫困线以下的人口作为研究基础,在理论上存在一定的缺陷。[⑥] 后续研究中,森在贫困指数的

---

① 纪德尚.世纪之交中国经济增长与社会发展的问题研究[M].西安:陕西人民出版社,1998.

② 王敏正,万安培.节约型社会辞典[M].北京:中国财政经济出版社,2006.

③ 童星,林闽钢.我国农村贫困标准线研究[A]//中国扶贫论文精粹.北京:中国扶贫基金会,2001.

④ 朱登兴,安树伟.中国农村贫困问题与城镇贫困问题比较研究[J].当代财经,2001(09):20—23.

⑤ 吴海涛等.贫困动态性:理论与实证[M].武汉:武汉大学出版社,2013.

⑥ Sen, A. K. (1976). Poverty: an ordinal approach to measurement. Econometrica. 44(2),219-231.

基础上,克服了其存在的缺陷,并提出了一个衡量公式:$P_s = H[I + (1 - I)G]$。[①]

林擎国(1994)[②]提到的定义法又称比重法,类似于人口—收入比例法。它是从人口比例出发,根据贫困人口与总人口的占比,对比家庭收支额度,从而确定相对贫困人口的标准。

唐钧(1998)[③]提到的生活形态法是从人们的日常生活以及消费等方面着手,通过提出与之相关的一些生活问题,然后筛选出一定的相关指标进行剥夺。通过测试被剥夺相关指标后的生活状态,从而判断哪些人属于贫困。反过来,再分析思考导致贫困的因素,进行计算,得出测量的贫困线。

森(2001)[④]以能力方法为标准,对人可以维持基本正常的生活的能力进行衡量,来判断其是否落入贫困及其贫困原因。Grootaert(2001)[⑤]从社会资本出发,通过 Quantile 方法发现社会资本对于穷人来说,相较于高收入者较为缺乏。

Alkire and Foster(2011)[⑥]于 2007 年提出 A－F 方法测量多维贫困,又被称为"双阈值法"。通过"指标-维度-多贫困指数"的三级加总进行计算,得出多维贫困的判断结果。其核心内容是:先确定每个维度的贫困临界值,接着判断每个维度是否存在被剥夺的情况,然后综合所有维度进行评判,最终得出是否贫困以及贫困的维度情况。[⑦] 张昭、吴丹萍(2018)[⑧],蒋南平、郑万军(2019)[⑨]在研究中分别介绍了 A－F 法。这种

---

① Sen,A. K.(1979). Issues in the measurement of poverty. Scandinavian J. Economics. 81,285－307.

② 林擎国. 社会和人口统计分析概论[M]. 北京:中国统计出版社,1994.

③ 唐钧. 中国城市居民贫困线研究[M]. 上海:上海社会科学院出版社,1998.

④ 阿马蒂亚·森. 以自由看待发展[M]. 任赜,于真,译. 北京:中国人民大学出版社,2002.

⑤ Grootaert C[A]. Paul Dekker,Eric M. Uslaner. Socialcapital and participation in everyday life[C]. London:Routledge,2001.

⑥ Sabina Alkire,James Foster.(2011). Counting and multidimensional poverty measurement. Journal of Public Economics 95,476－487.

⑦ 王小林,冯贺霞. 2020 年后中国多维相对贫困标准:国际经验与政策取向[J]. 中国农村经济,2020(03):2—21.

⑧ 张昭,吴丹萍. 多维视角下贫困的识别、追踪及分解研究——基于中国家庭追踪调查(CFPS)数据[J]. 华中农业大学学报(社会科学版),2018(03):90—99.

⑨ 蒋南平,郑万军. 中国农村人口贫困变动研究——基于多维脱贫指数测度[J]. 经济理论与经济管理,2019(02):78—88.

方法肯定了相对贫困是多维因素共同造成的结果,对多维因素进行评估,可以得出贫困的根源,有针对性地找到问题进行解决。

张民省(2015)[①]认为,从生活需求着手,通过调查确定一定的额度,可以作为衡量标准。"生活需求法"亦为"市场菜篮法",该方法较为简单,就是选定某个地方,就基本的生活所需,如衣食等维持基本生活的物品,列出清单,就市场价格确定总消费额度,作为判断是否处于贫困的标准。

王翠翠、夏春萍、蔡轶(2018)[②]提出,扩展性线性支出模型法将人的需求划分为基本需求和超额需求,并以消费者的各类支出,结合收入与价格的函数关系,以及需求量等来表示和反映贫困状态。

魏月皎、葛深渭(2020)[③]讲到的收入法,是将不确定性因素考虑在内,以社会收入的集中趋势为选取范围,并将按其一定比例划分的标准作为衡量相对贫困的贫困线。

四、相对贫困的发生机制研究

(一) 收入分配不均

冯素杰、陈朔(2006)[④]认为,相对贫困的致因在经济方面体现为资产的拥有和分配。贫困人口相比于高收入者拥有的资本和财产的量较少,目前拉动经济发展的三驾马车分别是:投资、消费和出口。我国经济的发展和人们资本的拥有量也离不开三驾马车的驱动,而资本更多的主要集中在高收入者手中,贫困群体缺少可以投资、消费的财产,没有资本的

① 张民省.新编社会保障学[M].太原:山西人民出版社,2015.

② 王翠翠,夏春萍,蔡轶.几种贫困线测算方法的比较分析与选择[J].新疆农垦经济,2018(04):79—85.

③ 魏月皎,葛深渭.相对贫困理论及其治理对策的研究进展[J].贵州师范大学学报,2020(03):76—86.

④ 冯素杰,陈朔.论经济高速增长中的相对贫困[J].现代财经(天津财经大学学报),2006(01):78—81.

原始积累,更没有空余的钱用来投资等带动收入的增长。在此情况下,收入差距越来越大,就会导致相对贫困的程度越来越深。

周晔馨、叶静怡(2014)[1]指出,从社会资本出发,相对贫困的致因就外部来看,存在社会资本分配不均,存在不公平的问题。而不平等主要体现在"资本欠缺和回报欠缺"方面,因此,社会资本分配不公等使得收入等差距拉大,是导致相对贫困的原因之一。从根本上来说,在经济方面,落入相对贫困的群体存在着经济的不足。即使拥有可以满足基本生存的资产,但是与社会平均水平存在着差距。并且在社会生活方面存在着多维因素不能满足的情况,生活质量存在问题。

张传洲(2020)[2]提出,在金融方面,资金在发展中占据着至关重要的地位,在一个国家发展初期,会调用其他地区的人、财、物资源来集中发展某一地区,然后由它带动其他地方的发展。在调转资源时,势必会影响其他地区的发展,并且随着发展,这种差距会逐渐拉大。除此,随着城市化的发展,从农村流向城市是一种趋势。而该过程伴随着农村的资源和人力等也会流向城市,这就导致城市汇集越来越多的资源和机会。相比之下,农村就面临着资源短缺、机会缺失等情况。因此相对贫困也会随之出现和加剧。

(二)知识和社会资源缺乏

李青丽(2007)[3]指出,知识不仅包含教育单维,而且涵盖很多层面的内容。在当下信息化社会中,信息的获取占据着很大的地位,而信息在目前来说则是知识方面的重要内容。除此,对个人来说,技能决定着他在社会上的立足点。掌握着独有的专业技能,个人就占据了重要位置,社会的发展离不开这样的人的推动。而相对贫困群体相比于高收入者来说,在知识方面存在缺乏的问题。贫困者无法获取信息,则失去利用

---

① 周晔馨,叶静怡.社会资本在减轻农村贫困中的作用:文献述评与研究展望[J].南方经济,2014(07):35—57.

② 张传洲.相对贫困的内涵、测度及其治理对策[J].西北民族大学学报(哲学社会科学版),2020(02):112—119.

③ 李青丽.建立健全西北贫困地区文献信息保障机制[M].乌鲁木齐:新疆科学技术出版社,2007.

信息和知识来创收的能力,这是当下最显著的贫困致因。宋福忠(2010)①在调研中发现,相对于城市人口来说,农村的人群中文盲和半文盲的数量不容忽视。而相对贫困相比于城市则较多地集中在农村地区。知识上的问题,加上技能方面的欠缺,会引发人力资本不足、就业存在问题等情况,进而导致贫困的加剧。

(三) 社会和制度因素

社会方面包含着多种因素的影响,它们综合起来影响着贫困群体的生活。社会产业结构方面,存在着单一等问题。除此,工业化和城镇化水平较低。张辉、田建民、李长法(2009)②,席雪红(2012)③和张辉、雒佩丽(2012)④在研究相对贫困的现状时了解到,在不同时期制定的贫困标准和衡量方法,会随着社会的发展变化而不同,但整体上是朝着提升的趋势变化。此外在收入上存在着差距逐渐拉大的趋势,加剧了贫富差距。而被调查的地方仅靠农业种植来增加收入,产业较为单一,并且在工业化和城镇化方面也存在落后、水平较低等情况,使得该地区处于相对贫困。

财政政策层面影响着相对贫困的程度和致因。李永友、沈坤荣(2007)从财政支出视角出发,探寻其与经济增长、相对贫困三者的关系⑤。他指出,相对贫困受收入分配的影响,财政支出对相对贫困的影响作用并不大,再分配的作用比较有限。再分配在社会保障方面发挥着作用,但是在医疗、就业等方面就没有太大关系,甚至起到加剧的影响。秦

① 宋福忠,许鲜苗,赵洪彬. 重庆市相对贫困地区统筹城乡发展困难与措施研究[J]. 重庆大学学报(社会科学版),2010(05):18—24.

② 张辉,田建民,李长法. 河南省粮食主产区相对贫困问题的成因与对策[J]. 河南农业科学,2009(11):5—8.

③ 席雪红. 河南省农村居民相对贫困动态演化的实证研究[J]. 安徽农业科学,2012(18):9933—9935.

④ 张辉,雒佩丽. 河南省黄淮四市相对贫困问题成因与对策[J]. 江西农业学报,2010(11):145—148.

⑤ 李永友,沈坤荣. 财政支出结构、相对贫困与经济增长[J]. 管理世界,2007(11):14—26.

建军、戎爱萍(2012)①在研究农村相对贫困时发现,财政的再分配对教育发挥着积极的作用,有利于缓解农村相对贫困的程度。但是在医疗卫生方面,因为存在一定的偏差,不能有针对性地解决存在的问题,从而在一定程度上还加大了乡村的相对贫困。李盛基、吕康银、朱金霞(2014)②认为,政策在农村相对贫困问题上发挥着减缓边际的效果,但是由于其存在一定的滞后性和偏差性,以及缺乏科学有效的管理,导致对相对贫困问题的解决上存在不足,效果不佳。

霍艳丽(2005)③着眼于制度层面,通过了解和分析制度的相关内容来看其对相对贫困的影响。她发现高收入者在政治、经济、文化等方面都会产生影响,他们会形成一个联盟,为了自身利益对相关的制度发挥影响力。最终使得制度为该群体服务,来促进他们的发展和相关利益的获取。这种循环会直接加剧贫富差距,使得相对贫困更加严重。

张传洲(2020)④指出,制度在资源分配等方面密切相关,从我国的制度发展来看,无论是基本的经济制度还是分配制度,都促进了社会的发展,在一定程度上为我国消灭绝对贫困发挥着重要的作用。但是随着市场经济的迅猛发展,我国经济方面存在着收入差距拉大的问题。加上户籍制度和分配制度等存在一定的滞后性,不能及时地调整和适应发展,导致相对贫困问题的产生,甚至在一定程度上扩大了贫困问题。

洪华喜、马骏(1996)⑤从地域视角着手,认为相对贫困受区域经济发展不平衡的影响。我国东、中、西部地区的发展,虽然保持同步增长,但是仍然存在着差距。这使得中、西部地区的收入远低于东部,相比较下,

① 秦建军,戎爱萍.财政支出结构对农村相对贫困的影响分析[J].经济问题,2012(11):95—98.

② 李盛基,吕康银,朱金霞.财政支出、经济增长与农村贫困——基于1990—2008年时间序列数据的实证分析[J].东北师大学报(哲学社会科学版),2014(03):100—104.

③ 霍艳丽,童正荣.从制度因素视角分析我国的相对贫困现象[J].技术与市场,2005(04):41—42.

④ 张传洲.相对贫困的内涵、测度及其治理对策[J].西北民族大学学报(哲学社会科学版),2020(02):112—119.

⑤ 洪华喜,马骏.中国区域经济运行·模式·比较[M].昆明:云南大学出版社,1996.

中西部的人们处于相对贫困中。朱姝、冯艳芬、王芳(2018)[①]则利用 EVM 和 AHP 法,通过对粤北地区的 66 个相对贫困村落进行调研,从发达省会的欠发达地区着手,研究其特征,来探讨相对贫困及其治理潜力。该观点指出,相对贫困受地域发展的不同程度所导致的差异的影响。

(四) 权利缺乏和社会剥夺

毛广熊(2004)[②]在苏南调研发现,该地区的相对贫困与权利不断恶化存在关系。苏南地区随着城市化的加快,出现了农村地区在生产等方面的权利交换向着恶化的趋势发展。在城市化推进的过程中,位于农村的群体就丧失了劳动权利,加上社会和城镇的发展,使得他们失去了自身的价值体现,相关权利逐渐失去,最终落入相对贫困之中。权利的逐渐失去,与社会剥夺存在着联系。赵伦(2014)[③]指出,相对贫困的人们在生活上存在着不足,随着社会的收入差距的拉大,他们的相对贫困程度也在加剧。很多人在生活上没有质量没有保证,不及社会的平均水平。而这些都与资源分配、机会剥夺等存在着关系。张彦、孙帅(2015)[④]认为,社会层面的剥夺让处于相对贫困的人丧失了资源和发展机会,在不平等环境下,这些人被排斥在社会应有的待遇之外。

(五) 人力资本和个体因素

张传洲(2020)[⑤]从人力资本方面进行分析,认为其影响着贫困。人力方面最明显的流动则是"高考制度和劳动力流动",这是人口流动最明显且影响最大的两点。高考制度通过考试选拔出较为出色的学生,作为

① 朱姝,冯艳芬,王芳.粤北山区相对贫困村的脱贫潜力评价及类型划分——以连州市为例[J].自然资源学报,2018(08):1304—1316.
② 毛广熊.苏南模式城市化进程中的农村相对贫困问题[J].人口与经济,2004(06):7—11.
③ 赵伦.相对贫困从个体归因到社会剥夺[J].商业时代,2014(18):36—37.
④ 张彦,孙帅.论构建"相对贫困"伦理关怀的可能性及其路径[J].云南社会科学,2016(03):7—13.
⑤ 张传洲.相对贫困的内涵、测度及其治理对策[J].西北民族大学学报(哲学社会科学版),2020(02):112—119.

一个城市的后续人才储备。而学生最基础的培养是在家乡地区，后面的贡献则是留在了城市。劳动力流动同样如此，在一个人最年轻有力的时候，把力气都留给了工作的地方，而享受的待遇却不如城市的居民。当时间过后，需要返乡养老，享受最基本的社会保障。这种人力的流动使得流出地的人口落入相对贫困，而流入地的社会快速发展，生活质量不断得到提升。

张琦、杨铭宁、孔梅（2020）①从脆弱性出发，将贫困人群分类，并与相对贫困的致贫因素结合起来，分为"自然脆弱性群体：主体因素-经济因素"等不同情况。② 除此，张琦等学者还引入森的"可行能力剥夺理论"。从自然脆弱性群体的环境因素分析，考虑其区位条件、自然因素等风险冲击体现。然后就社会脆弱性群体的制度因素考虑其土地、医疗、社保、教育等制度，来分析社会排斥的问题。最后，对生理脆弱性群体分析它的主体因素，如自然、社会、金融、人力和社会资本，③聚焦弱化主体生计能力的角度。结合三者的因素考虑汇集于可行能力被剥夺，从而影响人们的生存和发展，判断是否落入贫困。最终体现在经济层面，当三种群体及其对应的因素导致收入薄弱、消费过大时，则成为相对贫困的群体。

除此，还有从资源缺乏的角度来考虑贫困的发生机制，如彼得·汤森（1962）④认为，贫困是因为资源的缺乏最终被排斥在正常的生活状态之外⑤。辛秋水（2001）⑥指出，贫困不仅只是物质上的缺失，而且是社会层面的多方因素导致的现象。并且外部因素并非发挥着决定性的作用，

① 张琦，杨铭宁，孔梅. 2020 后相对贫困群体发生机制的探索与思考[J]. 新视野，2020，2：26—32＋73.

② 黄匡时：《脆弱性分析与脆弱人口的社会保护》，《2009 中国可持续发展论坛暨中国可持续发展研究会学术年会论文集》（上册），中国可持续发展研究会，2009 年.

③ DFID, Sustainable Livelihoods Guidance Sheets, London： Department for International Development, 1999, pp. 1 - 10.

④ 彼得·汤森. 贫困的意义[J]. 英国社会学，1962(1)：210—227.

⑤ 彼得·汤森. 英国的贫困：家庭财产和生活标准的测量[M]. 伦敦：阿伦莱斯和培根图书公司，1979：1.

⑥ 辛秋水. 走文化扶贫之路——论文化贫困与贫困文化[J]. 福建论坛（人文社会科学版），2001(03)：16—20.

而是文化贫困成了主要因素。刘易斯(2004)[①]则从文化贫困出发,他认为文化贫困是相对贫困的根源。王亚飞、董景荣(2008)[②]认为,贫困可以表现为教育、价值观、意识等主观层面的缺失,而这些反过来也导致贫困的发生,成为相对贫困的发生机制。

第四节 相对贫困维度、标准和帮扶模式国际比较

一、相对贫困经济标准的国际比较

(一) 贫困标准演进历程

19 世纪 40 年代以前,人们对"贫困"的理解和理论解释一直停留在"绝对贫困"的维度。从绝对贫困到相对贫困的转变最早发生在英国。1948 年,《贝弗里奇报告》发表,英国开始福利国家的建设进程,大大提升了居民的生活水平。1950 年,英国贫困发生概率低至 1.6%,基本消除了人们当时所认知的"贫困"。在随后的 60 年代里,Fuchs Victor 提出了相对贫困的概念。在其观点的基础上,Townsend 的研究使相对贫困的概念得到进一步发展,打破了人们对"贫困"的既有认知。1979 年,Townsend 在《英国的贫困》一书中提出贫困的概念,他认为英国并没有完全消除贫困,仍存在着"相对贫困"的现象。"相对贫困"这一概念的提出受到了英国政府的重视。1980 年,英国确定了相对贫困标准。随后,美国、欧盟和 OECD 的部分国家、墨西哥、哥伦比亚、南非等都逐步采用相对贫困标准作为贫困线的衡量。

1980 年,世界银行颁布了基于购买力标准换算的贫困标准,将日均

---

① 刘易斯. 贫穷文化:墨西哥五个家庭一日生活的实录[M]. 台北:巨流图书公司,2004.

② 王亚飞,董景荣. 新农村建设中的文化贫困问题与对策——破解"三农"问题的一种视角[J]. 农业现代化研究,2008(3):285—288.

收入低于 1 美元作为国际通用的贫困线。2005 年,世界银行将贫困标准调整到日均消费 1.25 美元。2015 年,世界银行划定 1.9 美元作为贫困线。2018 年,世界银行提出更高的贫困标准。

(二) 世界各国相对贫困最新的经济标准比较

1. 世界银行 2018 年提出的较高贫困标准

随着经济的发展,2018 年 10 月,世界银行发布的《贫困与共享繁荣 2018:拼出贫困拼图》提出,可以设立两条补充性贫困线,分别为人均每天消费 3.20 美元和 5.5 美元这两条线。为了结合一国的人均消费情况,以便比较国家之间的贫困状况,世界银行还提出一条社会贫困线(SPL)。公式为:

$$SPL = max(1.90 \ \text{美元}, 1 \ \text{美元} + 0.5 \times \text{该国人均消费中位数})$$

世界银行的统计表明,2018 年,中等偏上国家的社会贫困线为每天 5.80 美元,全球平均为每天 6.90 美元。换算成人民币,如表 1-4 所示。

表 1-4　世界银行 2018 年的较高标准贫困线

汇率	较高标准贫困线	较高标准贫困线(每天人民币,元)	较高标准贫困线(每月人民币,元)
6.8388	5.80 美元	39.6650	1190
6.8388	6.90 美元	47.1877	1416

2. 美国贫困标准

(1) 美国的贫困门槛线

美国贫困线包括两条:一条由美国人口调查局公布,即贫困门槛线(the poverty thresholds);另一条由健康和人类服务部门公布,即贫困指导线(the poverty guidelines)。贫困门槛线是 1964 年约翰逊政府开始制定的,指一个家庭的年收入水平是否使该家庭陷入贫困状态,主要用于数据统计,例如统计美国的贫困人口比例以及按照贫困人口的社会、经济等特征来确定不同类型的贫困人口数量。美国贫困门槛线考虑了不同家庭的结构规模和户主年龄以及育儿情况,计算方法一般是食品支出乘以 3。与居民可支配收入中位数 50％的计算方法相比,贫困门槛的替代率,也就是贫困门槛占人均可支配收入中位数的比例大约是 25％到 30％,2018 年甚至降到最低,只占人均可支配收入中位数的 23％。2018 年美国贫困门槛线如表 1-5 所示。

表 1-5　2018 年美国官方贫困线(贫困门槛线,美元)

家庭人数	家庭中未满 18 周岁人口数							
	无	1	2	3	4	5	6	7	8个及以上
1 人								
65 周岁以下	13 064							
65 周岁以上	12 043							
2 人								
户主年龄在 65 周岁以上	16 815	17 308						
户主年龄在 65 周岁及以下	15 178	17 242						
3 人	19 642	20 212	20 231					
4 人	25 900	26 324	25 465	25 554				
5 人	31 234	31 689	30 718	29 967	29 509			
6 人	35 925	36 068	35 324	34 612	33 553	32 925		
7 人	41 336	41 594	40 705	40 085	38 929	37 581	36 102	
8 人	46 231	46 640	45 800	45 064	44 021	42 696	41 317	40 967
9 人及以上	55 613	55 883	55 140	54 516	53 491	52 082	50 807	50 491	48 546

资料来源:根据美国普查局的数据整理而得

2019 年,美国的贫困门槛线如表 1-6 所示。

表 1-6　2019 年美国官方贫困线(贫困门槛线,年,美元)

家庭人数	家庭中未满 18 周岁人口数							
	无	1	2	3	4	5	6	7	8个及以上
1 人								
65 周岁以下	13 300							
65 周岁以上	12 261							

家庭人数	家庭中未满18周岁人口数								
	无	1	2	3	4	5	6	7	8个及以上
2人									
户主年龄在65岁以上	17 120	17 622							
户主年龄在65岁及以下	15 453	17 555							
3人	19 998	20 578	20 598						
4人	26 370	26 801	25 926	26 017					
5人	31 800	32 263	31 275	30 510	30 044				
6人	36 576	36 721	35 965	35 239	34 161	33 522			
7人	42 085	42 348	41 442	40 811	39 635	38 262	36 757		
8人	47 069	47 485	46 630	45 881	44 818	43 470	42 066	41 709	
9人及以上	56 621	56 895	56 139	55 503	54 460	53 025	51 727	51 406	49 426

资料来源：根据美国普查局的数据整理而得

（2）美国的贫困指导线

贫困指导线相较于贫困门槛线来说要更为简化，其主要作用是在操作层面衡量贫困家庭的比例，为政策的发布和变动提供依据，美国政府会根据贫困指导线或贫困指导线的一定比例对符合标准的家庭给予相应的财政补助或救助计划，例如儿童健康保险计划、老年陪伴计划、营养援助计划等。2019年美国贫困指导线如表1-7所示。除了以上两条官方基本贫困线以外，美国政府还制定了一条深度贫困线，将家庭收入低于贫困指导线50%的家庭划入深度贫困家庭范围。

表1-7　2019年美国联邦贫困指导线（年，美元）

家庭人口数（人）	48个连片的州和哥伦比亚特区	阿拉斯加州	夏威夷
1	12 490	15 600	14 380
2	16 910	21 130	19 460
3	21 330	26 660	24 540
4	25 750	32 190	29 620
5	30 170	37 720	34 700
6	34 590	43 250	39 780

家庭人口数(人)	48 个连片的州和 哥伦比亚特区	阿拉斯加州	夏威夷
7	39 010	48 780	44 860
8	43 430	54 310	49 940
8 人以上	每增加 1 人增加 4 420	每增加 1 人增加 5 530	每增加 1 人增加 5 080

资料来源："2019 Poverty Guidelines"，Office of the Assistant Secretary for Planning and Evaluation(http://aspe.gov/2019-poverty-guidelines)

表 1-8 总结了美国 2018 年、2019 年和 2020 年的联邦贫困指导线。以 2020 年的联邦贫困指导线为例，对于三口之家，联邦贫困指导线是 21 720 美元。折合每个月 1 810 美元，或者说人均 603 美元。按照当前汇率 1 美元等于 6.838 8 元人民币计算，相当于每人每月 4 126 元。

表 1-8 2018 年、2019 年和 2020 年美国联邦贫困指导线(美元)

家庭人口数(人)	2018 年	2019 年	2020 年
1	12 140	12 490	12 760
2	16 460	16 910	17 240
3	20 780	21 330	21 720
4	25 100	25 750	26 200
5	29 420	30 170	30 680
6	33 740	34 590	35 160
8	42 380	43 430	44 120
8 人以上	每增加 1 人增加 4 320	每增加 1 人增加 4 420	每增加 1 人增加 4 480

资料来源："2019 Poverty Guidelines"，Office of the Assistant Secretary for Planning and Evaluation(http://aspe.gov/2019-poverty-guidelines)

3. 英国相对贫困线

1980 年，在结合 Townsend 的相对贫困理论和测量方法的基础上，英国政府制定了相对贫困标准。此前,英国对于贫困衡量是以"购物篮子"为标准的，即人们获得维持体力的最低需要。1980 年以后,英国的相对贫困标准主要有三种形式,最重要的一种方式是以家庭可支配收入中位数为基础：如果家庭收入低于可支配收入中位数的 60％，则该家庭被划入相对贫困的范畴，同时所有相对贫困家庭的人口比例将会成为这一年英国的贫困发生率。其中，家庭可支配收入是指家庭所有成员的税后货币型收入的总和，一般包括工资性收入、财产性收入、转移性收入等。

英国衡量相对贫困的第二种形式是主观贫困，即让被调查者自己评价是否处于贫困中；第三种形式是物质剥夺，即包括那些声称无力负担基本商品的家庭。

随着多维贫困理论的提出，英国对于相对贫困问题的研究也在不断深入。在低于人口可支配收入中位数的贫困线基础上，英国政府根据家庭结构的不同，制定了不同类型家庭收入的贫困线，如表 1-9 所示。

表 1-9　英国不同家庭类型的贫困线（2017—2018 年）

家庭类型	2016—2017 年贫困线：家庭收入（英镑/周）	2017—2018 年贫困线：家庭收入（英镑/周）
1 个，无儿童	￡248	255
1 对夫妇，无儿童	￡144	148
单亲家庭，2 个儿童（5—14 岁）	￡401	413
1 对夫妇，2 个儿童（5—14 岁）	￡297	306

资料来源：http://www.cpag.org.uk/povertyfacts/

2018 年，英国社会度量委员会在完善相对贫困标准时提出了新的衡量指标，考虑到了家庭的儿童抚育成本、残疾成本、家庭储蓄额及其他方面的差异。在以收入作为主要指标时，对于不同家庭规模和构成，制定的贫困线相应做出改变，如表 1-10 所示。

表 1-10　2017—2018 年英国不同百分位数下的家庭年度净收入　　　　　（英镑）

百分位数	一个人家庭	一对夫妇没有孩子的家庭	一对夫妇和两个 14 岁以下孩子的家庭
10th	8 700	13 100	18 300
50th	17 600	26 400	37 000
90th	34 700	52 000	72 800
99th	86 700	130 100	182 100

资料来源：Bourquin et al.（2019）

在收入的构成中,英国政府还考虑到了家庭的住房成本,在朗特里基金会的年度报告中包含了去除住房成本后的人口相对贫困线,这条线同样是随着家庭类型的差异而有所调整,并在原有家庭类型的基础上做出适当扩展,如表 1-11 所示。

表 1-11 2019—2020 年英国家庭类型与去除住房成本的贫困线

家庭类型	每周收入/英镑	家庭类型	每周收入/英镑
无孩单身家庭	152	两个孩子的夫妇家庭(儿童均小于 14 岁)	366
一孩单身家庭(儿童小于 14 岁)	204	三个孩子的夫妇家庭(两个小于 14 岁,一个 14 岁及以上)	476
无孩夫妇家庭	262	四个孩子的夫妇家庭(两个小于 14 岁,两个 14 岁及以上)	586

资料来源:JRF,英国贫困报告 2019/2020

4. 澳大利亚相对贫困标准

作为 OECD 的成员国,澳大利亚设置了两条贫困线:一条是按照家庭可支配收入中位数的 50% 确定的低贫困线;一条是按照家庭可支配收入中位数的 60% 确定的高贫困线。同时,由于房屋支出占家庭支出比例较大,因此澳大利亚政府还在扣除房屋成本的基础上设定了两条补充贫困线。因此,澳大利亚的相对贫困标准体系包括四条贫困线,如表 1-12 所示。

表 1-12 2015—2016 年澳大利亚不同家庭类型的贫困线　　　　　　　　(澳元/周)

家庭类型	中位数 50%贫困线	中位数 60%贫困线	中位数 50%贫困线(扣除房屋成本)	中位数 60%贫困线(扣除房屋成本)
单身家庭	432.73	519.28	353.29	423.94
仅夫妻二人家庭	649.1	778.92	529.93	635.91
单身父母加两个孩子家庭	692.37	830.85	565.26	678.31
夫妻加两个孩子家庭	908.74	1090.48	741.9	890.28

资料来源:Bradbury et al. (2018)。表中的收入为包含社会转移支付之后的税后收入

5. 日本相对贫困标准

OECD 国家的贫困线通常采用可支配收入中位数的 50％作为标准,但是 OECD 内部的不同国家会根据具体情况在标准和具体操作上做出调整。作为 OECD 成员国,日本将贫困线定为低收入家庭的人均生活消费支出达到中等收入家庭的 60％,与收入中位数的 50％类似。但是在操作层面上,日本采用的是"生活水平相对均衡法"来测量贫困。首先是选定"标准家庭",接着在"标准家庭"的基本生活支出费用的基础上制定贫困救助额度,之后根据每个家庭内部的不同情况制定相应的生活救助标准,最后再根据不同地区的特点对救助标准进行调整,具体操作程序如表 1－13 所示。

表 1－13　日本生活水平相对平衡方法的操作方式

操作方式	明　　细
"标准家庭"的选定	1986 年至今,"标准家庭"为 3 口之家,丈夫 33 岁、妻子 29 岁、孩子 4 岁。确定方法参见焦培欣(2019)和厚生劳动省社会·援护局保护课(2011)。
生活救助标准的制定	根据"标准家庭"的实际消费测算第 1 类费用;参考"总理府家计调查"各种人口规模低收入家庭的实际生活消费支出,测算"标准家庭"第 2 类费用。
	根据孕产妇、母子、残障者、护理患者、居家患者、放射线障碍者、儿童养育以及教育等加算标准进行调整,得到特殊群体家庭生活救助标准。
	设定劳动收入扣除标准,具体分为基础扣除、特别扣除、新生劳动力就业扣除、未成年扣除 4 种。
等级地划分以及救助标准的调整	日本划分了 3 个等级地,且将 3 个等级地内部细分为 1 类地区和 2 类地区;救助标准的调整:将 1 级 1 类地区的救助标准指数设定为 100％,其他等级地的指数依次降低 4.5％,经调整得到不同等级地的救助标准。

资料来源:根据焦培欣(2019)和厚生劳动省社会·援护局保护课(2011)整理

二、世界各国相对贫困的测量维度和方法比较

(一) 联合国人类发展指数和多维贫困指数

联合国开发计划属(UNDP)在《1990 年度人文发展报告》中指出,人类

发展指数主要由 3 个指标构成,分别是预期寿命、成人识字率和人均 GDP。

人类发展指数的测算步骤如下:首先,确定这 3 个指标中每一个指标的最大值($\text{Max}X_{ij}$)和最小值($\text{Min}X_{ij}$);然后,将每一个国家的值(X_{ij})与最大值、最小值进行比较,求出其与最大值、最小值之间的差距 d_{ij},如果 D_j 代表指标的扣除部分,则有:

$$d_{ij} = (\text{Max}X_{ij} - X_{ij})/(\max X_{ij} - \text{Min}X_{ij}), D_j = \frac{1}{3}\sum d_{ij} \quad (1)$$

最后,可以求出每一个国家的人类发展指数 HDI,

$$\text{HDI} = 1 - D_j,其中 i = 指标 1,2,3\cdots; j = 国家 1,2,3\cdots n \quad (2)$$

联合国人类发展指数的维度如表 1-14 所示:

表 1-14 多维贫困指数(MPI)的维度和指标

序号	初始维度	修改后的维度
1	预期寿命	预期寿命
2	成人识字率	平均受教育年限
3	人均 GDP	人均国民总收入(GNI)

联合国多维贫困指数(MPI)包括 3 个维度:健康、教育和生活标准;3 个维度下合计包括 10 个二级指标。只要有 3 个指标不达标即可以被判定为贫困(表 1-15)。

表 1-15 联合国多维贫困指数(MPI)的维度和指标

维度	指标	维度	指标
健康	营养	生活标准	做饭用燃料
	儿童死亡率		厕所
教育	受教育年限		饮用水
	入学儿童		电
			屋内地面
			耐用消费品

(二) 欧盟和其他国家的多维贫困标准

欧盟国家将应对家庭意外支出能力,是否吃得好、住得好、穿得好,是否拥有车辆等 13 项指标纳入考核指标,只要有 5 项不达标就列为相对贫困。

2010 年,墨西哥政府采纳了一种新的贫困测量方式,即多维贫困测量法,成为第一个官方使用这种方法测量贫困的国家。主要由经济水平和社会权利这两类维度构成,其中具体的测量维度有 8 个,包括:家庭人均收入、家庭平均教育差距、健康、社会安全、住房、室内服务、饮食和社会融合度(表 1-16)。

表 1-16　墨西哥多维贫困指数的维度

序号	维度	序号	维度
1	家庭人均收入	5	住房
2	家庭平均教育差距	6	室内服务
3	健康	7	饮食
4	社会安全	8	社会融合度

墨西哥在测量这 8 个维度的基础上将贫困人口类型分为 4 类,按照收入和社会权利的缺失定义了极端贫困、中等贫困、社会弱势群体和收入弱势群体,如表 1-17 所示。

表 1-17　墨西哥贫困人口类型、定义及分布

贫困类型	收入	社会权利缺失	占比(%)	人口(万人)
极端贫困	低于极端贫困线	3 个及以上	7.6	940
中等贫困	高于极端贫困线低于贫困线	至少 1 个	36	4 400
社会弱势群体	高于贫困线	至少 1 个	26.8	329
收入弱势群体	低于贫困线	无	7	860

资料来源:https://www. un. org/development/desa/depd/wp-content/sites/22/2019/03/ RURAL-POVERTY-IN-MEXICO. -CONEVAL. -Expert-Meeting. -15022019. pdf,p3-4

哥伦比亚的贫困测量方法和墨西哥较为相似,也是采用多维度指标

测量贫困,但是哥伦比亚的测量指标只采用了 5 个维度,在 5 个维度的基础上细化了 15 项测量指标。其中,5 个维度分别是家庭教育条件、儿童及青少年情况、就业、健康、公共设施和住房条件,这 5 个维度分别占 20% 的权重。在这 5 个维度之下还有 2 个及以上的二级指标,同一个维度下的二级指标所占权重均等,如表 1-18 所示。如果个人在 33% 的权重指标中处于被剥夺状态,则被划定为贫困人口。哥伦比亚政府根据这一多维贫困测量指标制定了相应的反贫困计划。

表 1-18　哥伦比亚多维贫困指数

维度	指标
家庭教育条件(0.2)	平均受教育水平(0.1) 读写能力(0.1)
儿童及青少年情况(0.2)	入学率(0.05) 不上学状况(0.05) 获得儿童保育服务(0.05) 童工(0.05)
就业(0.2)	长期失业状态(0.1) 正规就业状态(0.1)
健康(0.2)	健康保险(0.1) 获得健康服务(0.1)
公共设施和住房条件(0.2)	获得水源(0.04) 充分清楚下水道废物(0.04) 房屋地面状况(0.04) 房屋外墙(0.04) 居住过于拥挤(0.04)

资料来源:Angulo Salazar et al.（2013）。括号的数字表示维度或指标的权重

南非的贫困测量方法采用的是多维度测量,但相比哥伦比亚的多维贫困指标,南非的贫困测量指标更加细化,主要着重于对生活水平的衡量。南非的贫困测量标准主要分为 4 个维度,分别是健康、教育、生活水平和经济活动,4 个维度所占权重相等。其中,健康衡量的是儿童的死亡率,教育衡量的是儿童的受教育情况,由此可见,南非比较重视家庭中儿

童贫困现象;在生活水平的维度之下,细分了 7 个二级指标,都与满足基本生活需求有关;经济活动则主要关注家庭的失业情况,如表 1－19 所示。

表 1－19　南非多维贫困指数的维度、指标和阈值

维度	指标	阈值	权重
健康教育	儿童死亡率	过去 12 个月内家庭中有 5 岁以下的儿童死亡	1/4
	受教育年限	家中有 15 岁以上的人口受教育年限低于 5 年	1/8
	入学情况	家中有 7—15 岁的儿童失学	1/8
生活水平	照明燃料	使用石蜡、蜡烛货什么都没有或使用其他燃料	1/28
	供暖燃料	使用石蜡、木材、煤炭、牲畜粪便、其他或无	1/28
	烹饪燃料	使用石蜡、木材、煤炭、牲畜粪便、其他或无	1/28
	饮用水	住宅或住所没有自来水	1/28
	厕所	不是抽水马桶	1/28
	住宅类型	非正式小屋、传统住宅、大篷车、帐篷、其他	1/28
	资产拥有情况	收音机、电视、电话和冰箱的拥有量不超过 1 个,并没有车	1/28
经济活动	失业情况	家中所有成年人(15—64 岁)都失业	1/4

资料来源: Statistics South Africa (2014)

越南多维贫困包括 5 个维度,即卫生保健(健康服务的可获得性和健康保险)、教育(成人教育和儿童入学率)、住房(住房面积和住房质量)、水和卫生(饮用水来源和厕所)以及信息获取(有使用电信服务和获取信息的资产)。每个维度都有两个指标,权重相等。如果一个家庭至少在 3 个指标上处于被剥夺状态,则被认为处于多维贫困。

在具体实施方面,越南残疾和社会事务部负责使用多维方法识别贫困家庭,越南统计局负责根据家庭生活水平调查结果发布贫困率、多维贫困发生率以及多维贫困指数。越南各部委、机构和省制定了具体而有针对性的定期扶贫政策和区域发展政策,为贫困和弱势家庭提供直接支持。2016—2018 年,越南的多维贫困发生率下降明显。以指标贫困阈值

30%为例,多维贫困发生率从 2016 年的 8.8% 下降到 2018 年的 6.1%（见表 1 - 20）。

表 1 - 20　越南多维贫困指数的维度

序号	维度	二级指标
1	卫生保健	健康服务的可获得性、健康保险
2	教育	成人教育、儿童入学率
3	住房	住房面积、住房质量
4	水和卫生	饮用水来源、厕所
5	信息获取	有使用电信服务、有获取信息的资产

(三) 国外学者的多维相对贫困界定

1. 能力指数

森(Sen,1976)提出,一个人有价值的可行能力包括拥有获得食品、衣着、居住、行动、教育、健康、社会参与等各种功能性活动的能力。如果一个人被剥夺了这些功能,则可以被认定为贫困。森认为,收入贫困和能力贫困在本质上有差异,相对贫困最主要的还是要提高贫困群体的各种能力。森提出的能力指数包括:获得食物、饮用水、卫生设施、健康保健、住房、教育和信息等基本能力。

2. 全球多维贫困指数

Bourguignon 和 Chakravarty(2003)建议,为贫困的每个维度设定贫困线。只要一个家庭,有低于这些贫困线中的至少一个标准,则可以被认定为贫困者。Tsui(2002)从收入方法出发,探讨了一种本质上是多维贫困测量的方法——根据基本需要本身的最低水平的短缺程度来设定贫困线。Tsui(2002)讨论了在不同的贫困维度下如何识别总的多维贫困人口,只要有一个维度低于该维度的最低需要,即使其他维度都高于其维度最低需要,这个人也是贫困的,可以依据这个方法计算多维贫困人口总数。

Alkire 和 Foster(2007)提出 AF 方法,这一方法又被称为"双阈值法"。其方法是:对每个维度内的贫困指标设定贫困阈值,以判断每个维度的指标贫困状况;跨维度设定多维度贫困的阈值,以判断多维贫困状况。

AF方法的步骤有三个:首先,计算被剥夺的指标数量。其次,计算被剥夺的维度。最后,计算多维贫困指数。

联合国采纳AF方法,每年公布全球各国多维贫困指数。AF方法被广泛运用,故也称全球多维贫困指数。全球多维贫困指数包括健康、教育和生活水平3个维度,具体见表1-21。

表1-21　全球多维贫困指数中使用的维度、指标、阈值及权重设置

维度	指标	权重
健康	营养	1/6
	儿童死亡率	1/6
教育	受教育年限	1/6
	入学儿童	1/6
生活水平	做饭用燃料	1/18
	卫生厕所	1/18
	安全饮用水	1/18
	用电	1/18
	住房	1/18
	耐用消费品	1/18

(四) 国内学者和实务工作者建议的维度

在调研过程中,本研究对国内许多学者和实务工作者进行了采访,探讨相对贫困采用的维度。被采访者的观点既有共性,又有区别。其中,共性体现在:一是基本上都认为经济是最重要的衡量维度;二是都赞成使用多种维度来识别和衡量相对贫困群体的贫困程度。区别在于:一是维度的数量。有的认为3个维度;有的主张4个维度;有的主张5个维度,还有的主张6个到7个维度。二是维度的内容各有区别。尤其是对于健康、教育,都比较认同,但对于社会保障是否应该被纳入相对贫困识

别和衡量指标体系,学者和实务工作者存在分歧。本研究列出部分被调查的学者和实务工作者主张的维度,如表1-22所示。

表1-22 国内部分学者和实务工作者建议的维度

人员 维度	A	B	C	D	E	F	G
物质资源	环境指标	经济	教育就业	经济	经济	生活水平	经济
经济条件	生理指标	教育	生社会保障	生活	生活	经济	生活
可行能力	制度指标	健康	身体健康	发展能力	社会	社会发展	社会
发展机会	观念指标	生活	社会融入	教育	思想	社会参与	人力
社会保障		社会	生活状况	社会保障			思想
			儿童青少年	权利			

三、世界各国相对贫困标准对我国的启示

(一) 目前的状况需要确定相对贫困的衡量标准

2020年是打赢脱贫攻坚战的收官之年,党的十九届四中全会提出,我国从根本上消除了绝对贫困,进入"后脱贫时代"。一直以来,我国的脱贫事业一直建立在绝对贫困的基础上,现在我们即将进入相对贫困时代,绝对贫困的衡量指标或许在一定程度上还有借鉴意义,但是我们也要认识到,相对贫困的识别和衡量都与绝对贫困有着根本上的区别,帮扶长效机制的理念和措施与传统的救助制度也有着本质区别。相对贫困是在我国全面解决温饱问题,迈进小康时代面临的一个新的问题,我们必须要为其做好准备。

受我国经济社会发展水平和脱贫阶段的客观限制,我国学者长期以来关注的主要是绝对贫困,对于相对贫困的关注度较低,部分研究相对贫困的学者也只是对其概念进行界定,缺乏实证方面的研究。构建全面

的指标体系、进行深入系统的调查分析,相对贫困识别和测量体系的研究都很缺乏。并且,国内对相对贫困的测量大多还停留在收入这个单一维度上,并未考虑相对贫困人口的家庭情况、发展机会和能力提升;缺乏对多维相对贫困评价指标体系的构建和优化的研究成果。因此,迫切需要确定相对贫困的测量和认定体系,才能根据衡量的结果在后扶贫时代构建长效帮扶机制。

(二) 世界各国相对贫困标准对我国的经验借鉴

1. 采用多维相对贫困标准

英美等发达国家在相对贫困的测定上虽然以收入为主,但是在后期的完善中,还是逐渐添加了对各维度的情况考虑。单靠收入这一经济指标只能衡量"贫"的范围,却不能展现对"困"的衡量。并且,从实践层面上看,多维贫困的衡量会更有助于针对性系统性扶贫体系的建立。因此,我国在制定相对贫困标准时应从单一的贫困监测标准向多维贫困测量标准转变,在解决基本生存需求的基础上重视人口的发展状况,更好地应对多方面发展不平衡、不充分的问题。

2. 结合我国实际情况制定相对贫困的维度和指标

其他国家的经验可以作为我国制定相对贫困标准时的借鉴,但是也要结合本土情况。一方面,我国的相对贫困标准可以对标国际,采用国际通用方法来制定。另一方面,中国还是发展中国家,我国的相对贫困标准也要结合国情。

3. 相对贫困标准要具有稳定性和持久性

在刚消除绝对贫困的阶段,我国需要制定较为稳定的相对贫困标准,一方面防止绝对贫困现象的重现,另一方面为相对贫困测量的实践打下基础。因此相对贫困的衡量标准不能太高,也不能太低。

4. 明确政策职能,重视相对贫困衡量指标与长效帮扶机制

根据相对贫困的衡量指标,确定贫困人口或家庭陷入贫困的主要原因,结合社会救助体系对不同类型的贫困人口采取不同的兜底帮扶政策。同时,还可以根据相对贫困统计结果,针对贫困边缘群体制定相应

的贫困预警机制。

第五节　本研究特色和创新之处

一、学术思想方面的特色和创新

　　首先,认为相对贫困治理的视角应该从传统的关注相对贫困的识别和衡量,转向相对贫困治理效率提升研究和模式优选研究。相对贫困识别和衡量是我国相对贫困治理的基础,在众多学者研究识别与衡量的基础上,学术研究有必要重视相对贫困治理效率。

　　其次,建立"以相对贫困家庭为中心"的治理理念,以相对贫困家庭实现跃迁为最终目标。改变以往把精准扶贫和社会救助工作本身、救助金额、救助工作人员数量等作为相对贫困治理成效的视角。

二、学术观点方面的特色和创新

　　首先,认为我国亟需建立相对贫困多元协同治理机制。相对贫困与绝对贫困既有区别又有联系,主要的区别是除了"贫"的经济维度外,还涉及"困"的多种维度。多元协同治理有利于为相对贫困家庭"赋能",实现相对贫困家庭跃迁。

　　其次,主张建立相对贫困家庭档案数据库,构建家庭跃迁指数,以家庭跃迁程度来衡量相对贫困治理效率。构建家庭跃迁模型和家庭跃迁指标体系,跟踪调查家庭的基态、激发态、定态,并以此作为相对贫困治理效率衡量的依据。

　　再次,主张以项目制建立相对贫困治理主体与客体、治理内容需求与供给的匹配机制。根据家庭跃迁模型的 7 个维度 21 个指标,建立面向各个不同家庭基态的项目,以项目来补齐相对贫困家庭的"短板"。

最后,根据家庭跃迁模型,绝对贫困家庭、相对贫困家庭和正常家庭分别在三个不同大小的轨道上运行,相对贫困治理的实质是为相对贫困家庭注入能量,促使相对贫困家庭进入正常家庭运行轨道。相对贫困家庭的跃迁包括三个状态:初始基态、激发态、最终定态。激发态的家庭仍会出现返贫现象,并不稳定。达到定态的家庭则进入正常家庭运行轨道,实现了家庭的长效跃迁。

三、研究方法方面的特色和创新

首先,采用第一次初始调查、第二次追踪调查的方式,以长期追踪的方式实现对家庭跃迁程度的衡量。当前国内还缺乏"以相对贫困家庭为中心""以家庭跃迁为衡量标准"的相对贫困治理调查,也缺乏对相对贫困家庭跃迁程度的追踪调查。

其次,运用仿真模拟方法,运用 Vensim PLE 软件,以仿真模拟指导实践优化。在相对贫困治理领域,仿真模拟实验结果有助于我国相对贫困治理效率提升。

再次,采用扎根理论方法,运用 NVIVO 软件,分析了 10 多万字的访谈原话和案例。

第四,建立相对贫困家庭跃迁指数,设计相对贫困信息系统,并在实践中加以运用。

最后,采用德尔菲法,研究制定相对贫困家庭跃迁衡量指标体系。采用 AHP 法即层次分析法。为众多具体的测量指标测算权重。最终计算各个相对贫困家庭的初始基态、激发态和最终定态,计算家庭的跃迁程度。

第二章
家庭跃迁视域下我国相对贫困治理概念界定和理论基础

第一节　后小康社会、高品质生活时代背景对相对贫困界定的要求

一、后小康社会

"后小康社会"就是"民生发展时代"。2018年全国两会上,习近平总书记指出,要努力推动高质量发展,创造高品质生活。后小康时代,要注重高质量发展、高效率治理和高品质生活,促进人的全面发展。后小康社会中,我国应关注国民对于教育、卫生、就业、养老、住房、文化体育和助困帮扶等基本公共服务的更高要求,着力缩小居民的生活差距。在改善民生和创造高品质生活方面,我国可以发达国家为参照,设定后小康时代我国的高品质生活标准,调查确定相对贫困群体生活状况与高品质生活的差距,采取政策进行全方面帮扶,促进相对贫困群体达到高品质生活。

二、高品质生活

(一) 高品质生活的界定

后小康社会的本质特征是高品质生活。高品质生活是指要更好地保障人民群众在经济、政治、文化、社会和生态等各方面的美好需要,使人民群众能感受到有保障、可持续的获得感、安全感和幸福感的生活状态。

一般来说,高品质生活的衡量指标主要是生活质量。对于生活质量的界定,可以从两个视角进行考察:一是考察物质生活质量;二是考察非物质生活质量。

关于高品质生活,国际上的衡量指标有:一是联合国提出的人类发展指数;二是 OECD 提出的优质生活指数(也称幸福生活指数)。指标体系如表 2-1 所示。

表 2-1　OECD 提出的优质生活指数

维度	一级指标	维度	一级指标
生活质量	健康状况	物质条件	收入与财富
	工作生活平衡		工作与报酬
	教育与能力		住房
	社会联结		
	公共参与及治理		
	环境质量		
	个人安全		
	主观幸福感		

(二) 我国高品质生活的内涵和评价

可以从居住与环境、工作、家庭三个方面来理解我国高品质生活。

在居住与环境方面,主要的特征是交通便捷、居住舒适、医疗标准化、教育完备、环境健康、服务人性化;在工作方面,主要表现为政府关心、公司暖心、同事齐心;在家庭方面,主要表现为家庭和睦、物质充足、生活丰富(表2-2)。

表2-2 我国高品质生活的内涵和特征

序号	内涵	特征
1	居住与环境品质	交通便捷化、居住舒适化、医疗标准化、教育完备化、环境健康化、服务人性化
2	工作品质	政府关心、公司暖心、同事齐心
3	家庭品质	家庭和睦、物质充足、生活丰富

高品质生活包括物质和精神两个层面。国内学者认为,我国高品质生活可以从三个维度来构建评价指标体系[1]。我国高品质生活的三个维度分别是获得感、幸福感和安全感(表2-3)。

表2-3 我国高品质生活评价指标体系

目标层	一级指标	二 级 指 标
我国高品质生活	获得感	生存获得,包括收入、消费、居住、交通、社会保障、医疗卫生
		享受获得,包括人居环境、文化休闲
		发展获得,教育、就业、政府服务
	幸福感	情绪状态
		自我成就
		社会情感
		社会环境
	安全感	生存安全感
		社会安全感
		自我安全感

① 上海财经大学课题组.上海高品质生活评价指标体系研究[J].统计科学与实践,2019(06):9—13.

三、后小康社会与高品质生活对相对贫困治理的要求

(一)"高":对标国际标准

"高"是指我国有条件、有必要对标国际标准。通常来说,可以先在标准的制定方法上和国际接轨。然后,再逐步达到相对贫困衡量标准的接轨。具体来说,我国可以参考世界银行、联合国、欧盟、美国、英国等国家和面积关于相对贫困标准的制定方法,选择最适合我国的方法,结合我国实际,形成既可以对标国际又结合我国实际的相对贫困标准。其次,在标准的制定上,我国可以采用逐步走的办法,用 15 年左右的时间,最终和国际标准达成一致。

(二)"更":衔接"8+1"体系,提出更高标准

"更"是指更高。提高标准、扩大范围,并不是指重新创造一个方案或者制度,而是在传承的基础上进行创新。因此,我国相对贫困治理应该注重与已有的"8+1"社会救助体系衔接,在原有基础上逐步提高。

(三)"全":衡量维度全面

"全"是指我国在制定相对贫困标准时,应考虑全面,将高品质生活所要求的要素均考虑进来,促进人的全面发展,提高我国居民的幸福感、获得感和安全感。

(四)"实":项目制开展,落到实处

"实"是指针对市民最基本、最常用、最突出的需求,以办实事、项目制的方式,让国民得到实惠,实现实际的生活水平提升,不仅在物质生活方面得到提升,还在心理、认知方面得到提升,突出相对贫困治理的实效性。

第二节　我国高品质生活背景下相对贫困的概念界定、内涵和特点

一、贫困、相对贫困与绝对贫困

(一) 贫困和绝对贫困

国内外关于贫困的认识从绝对贫困开始。学者或者政府部门最初的界定是绝对贫困。1901年,英国学者朗特里首次界定贫困概念,采用收入作为界定贫困的指标,认为贫困是指"低于满足最低生存所必需得到的收入或消费标准"。从1950年开始,英国的贫困标准是包括"食品、衣着和住房需求在内"的"购物篮子"。1963年,美国学者欧桑斯基使用收入指标来衡量美国的贫困。1981年,世界银行开始发布基于收入和消费的贫困标准。

(二) 绝对贫困和相对贫困的联系与区别

贫困是一个长期以来被关注的话题,彼得·汤森和阿玛蒂亚·森均认为贫困的实质是剥夺。唐钧(1994)[①]指出,绝对贫困、相对贫困和基本贫困的关系是内核和外层的关系。以绝对贫困作为内核,向外为基本贫困,继而为相对贫困。2020年是我国全面建成小康社会的一年,在消灭绝对贫困的同时,相对贫困这个概念也进入公众视野。而相对贫困和绝对贫困是一对辩证统一的关系,它们之间存在着联系,都从属于贫困这个大的概念,相互之间又有较大的差别。

---

① 唐钧.中国城市居民贫困线研究[M].上海:上海科学出版社,1994.

1. 绝对贫困和相对贫困的联系

黄忠晶(2004)[①]、蔡玲(2013)[②]以及魏月皎和葛深渭(2020)[③]等人均认为绝对贫困和相对贫困之间的关系密切,二者均具有不平等性的特征,且绝对贫困人口和相对贫困人口都面临着不同程度上提升生活水平能力的不足。此外,绝对贫困是相对贫困的基础,绝对贫困的消除有利于相对贫困的缓解。在解决绝对贫困的前提下,相对贫困才被提上日程,得到更多关注。同时相对贫困若不能得到很好解决,绝对贫困人数也会相应增加。因此,绝对贫困和相对贫困问题的解决是促使我国向共同富裕道路前行的助推力。

2. 绝对贫困和相对贫困的区别

就二者的区别而言,绝对贫困和相对贫困之间仍存在较大差异,主要体现在以下几个方面。

(1)内涵不同

蔡玲(2013)[④]、李卫东(2019)[⑤]和刘祖云(2020)[⑥]等人认为绝对贫困属于生存困难,呈现消费低于最低条件,生产状况上难以维持再生产,生活需求不能得到满足的状况,关注点在于保障基本生存需要。而相对贫困是指发展困难,表现为生活水准高于基本生活需求却低于社会平均水平。向德平和向凯(2020)[⑦]认为相对贫困与社会分配相关,并且着眼于社会公平、人民福祉、社会排斥等偏向社会层面的内容。

① 黄忠晶."绝对贫困与相对贫困"辨析[J].天府新论,2004(02):76—77.
② 蔡玲.论清除绝对贫困减少相对贫困——基于实证的角度提出政策化建议[J].现代商贸工业,2013,25(06):35—36.
③ 魏月皎,葛深渭.相对贫困理论及其治理对策的研究进展[J].贵州师范大学学报,2020(03):76—86.
④ 蔡玲.论清除绝对贫困减少相对贫困——基于实证的角度提出政策化建议[J].现代商贸工业,2013,25(06):35—36.
⑤ 李卫东.从解决绝对贫困到解决相对贫困[J].中国民政,2019(23):29—30.
⑥ 刘祖云.贫困梯度蜕变、梯度呈现与创新贫困治理——基于社会现代化视角的理论探讨与现实解读[J].武汉大学学报(哲学社会科学版),2020,73(04):154—161.
⑦ 向德平,向凯.多元与发展:相对贫困的内涵及治理[J].华中科技大学学报(社会科学版),2020,34(02):31—38.

（2）维度不同

王小林和冯贺霞（2020）[1]指出绝对贫困着眼于单一经济维度的剥夺，只包括收入或消费，而相对贫困包括收入、就业的经济维度，教育、健康、社会保障、居住、机会、途径、信息获得的社会发展维度及生态环境维度等多个维度。绝对贫困向相对贫困的转变，使得贫困的问题根源，从关注单维经济到着眼于多维因素的共同影响。田一苗（2017）[2]、魏月皎和葛深渭（2020）[3]以及向德平和向凯（2020）[4]等人指出，绝对贫困的矛盾焦点是低收入者的实际情况，而相对贫困关注贫困户的经济地位、心理感受、权利观念、价值判断、社会比较、社会结构等多方面的问题和影响，是一个与历史阶段、地区、阶层、收入等都具有相关的相对概念。

（3）衡量标准不同

孙久文和夏添（2019）[5]以及吴振磊和王莉（2020）[6]等人认为，绝对贫困和相对贫困之间，衡量标准的差异体现在两个方面。第一，客观与主观并行。绝对贫困主要针对可支配收入等物质条件的绝对值衡量，以基本生理需求为底线，衡量因素是收入、经济等；相对贫困则是相对的，高于基本生活需求的满足，低于社会公认的正常生活水平，在政治、文化、教育等多方面处于贫困状态。绝对贫困只涉及客观标准这一单一参照系，而相对贫困除了客观标准，还囊括主观感受等多种参照系。第二，保障与发展。衡量绝对贫困的标准为"两不愁，三保障"的实现与否。除此以外，并没有过多的有关身心健康发展等方面的关注；而相对贫困的标准为是否有利于人实现全面发展，把着眼点转移到人的多个方面。

① 王小林,冯贺霞.2020 年后中国多维相对贫困标准：国际经验与政策取向[J].中国农村经济,2020(03)：2—21.

② 田一苗.贫困线的变迁和测量：从绝对贫困到相对贫困[J].统计与管理,2017(01)：87—88.

③ 魏月皎,葛深渭.相对贫困理论及其治理对策的研究进展[J].贵州师范大学学报,2020(03)：76—86.

④ 向德平,向凯.多元与发展：相对贫困的内涵及治理[J].华中科技大学学报（社会科学版）,2020,34(02)：31—38.

⑤ 孙久文,夏添.中国扶贫战略与 2020 年后相对贫困线划定——基于理论、政策和数据的分析[J].中国农村经济,2019(10)：98—113.

⑥ 吴振磊,王莉.我国相对贫困的内涵特点、现状研判与治理重点[J].西北大学学报（哲学社会科学版）,2020,50(04)：16—25.

（4）特征不同

相对贫困与绝对贫困在特征方面存在若干差异。蔡玲（2013）[①]、王雪岚（2020）[②]等人认为，绝对贫困和相对贫困的判断标准具有静态与动态之分。绝对贫困具有判断标准偏向静态的特点，而相对贫困的标准偏向动态，且由于标准的易变性和主观性，使得相对贫困较绝对贫困更复杂。左停、贺莉、刘文婧（2019）[③]和李卫东（2019）[④]等人指出，绝对贫困和相对贫困之间存在着绝对与相对之分。绝对贫困是基本生活需要这一硬性指标，带有绝对性特征；而相对贫困是一个相较于社会其他成员而处于最底层的贫困概念，是一个时空相对的概念，与社会阶层、社会群体的分配相关。陈宗胜等学者认为，相对贫困是一个与相同状况下的其他人进行比较的概念。刘祖云（2020）[⑤]指出，绝对贫困和相对贫困之间还有短期与长期之分。绝对贫困是一个可以彻底消灭的短期贫困问题，而相对贫困由于影响因素的多样性、不确定性，以及与多维因素存在着联系等，使其成为一个长期需要解决的贫困问题。

（5）治理对象、难度和手段不同

吴振磊、王莉（2020）[⑥]认为，在治理对象方面，绝对贫困识别对象为国家硬指标下的贫困户；而相对贫困针对的对象是有高入贫风险的人群，存在很多潜在可能性。蔡玲（2013），吴振磊和王莉（2020），郝聪聪和陈训波（2020）[⑦]等人指出[⑧]，在治理难度方面，绝对贫困更为普遍，治理难

① 蔡玲.论清除绝对贫困减少相对贫困——基于实证的角度提出政策化建议[J].现代商贸工业,2013,25(06):35—36.

② 王雪岚.从绝对贫困治理到相对贫困治理：中国精准扶贫长效机制的实践路径分析[J].沈阳工程学院学报(社会科学版),2020,16(01):52—57+90.

③ 左停,贺莉,刘文婧.相对贫困治理理论与中国地方实践经验[J].河海大学学报(哲学社会科学版),2019,21(06):1—9+109.

④ 李卫东.从解决绝对贫困到解决相对贫困[J].中国民政,2019(23):29—30.

⑤ 刘祖云.贫困梯度蜕变、梯度呈现与创新贫困治理——基于社会现代化视角的理论探讨与现实解读[J].武汉大学学报(哲学社会科学版),2020,73(04):154—161.

⑥ 吴振磊,王莉.我国相对贫困的内涵特点、现状研判与治理重点[J].西北大学学报(哲学社会科学版),2020,50(04):16—25.

⑦ 郝聪聪,陈训波.解决相对贫困长效机制的路径探析[J].现代农业科技,2020(10):202—204.

⑧ 蔡玲.论清除绝对贫困减少相对贫困——基于实证的角度提出政策化建议[J].现代商贸工业,2013,25(06):35—36.

度相对来说更低①;而由于相对贫困判断标准的不易量化、产生机制更为复杂且繁琐,应对的方法更复杂,因此治理相对贫困的任务也更多元,治理难度更大,治理跨越时间也越长。孙久文、夏添(2019)②指出,在治理手段方面,绝对贫困可通过精准式扶贫的制度设计如发展地方经济和转移支付的方式予以彻底消除;而相对贫困的治理手段更为复杂,需要考虑到人力资本培育等方式来更好地缓解相对贫困,采用精细化救助以实现共同富裕。因此,在缓和相对贫困时需建立更完善的机制,以促进相对贫困的减少,最终实现共同富裕。

综上所述,绝对贫困和相对贫困是两个相对但不相悖的概念,只有消灭绝对贫困和缓解相对贫困,才能在共同富裕的道路上持续迈进。绝对贫困与相对贫困的主要区别如表2-4所示。

表2-4 绝对贫困、相对贫困和非贫困的对比

	绝对贫困	相对贫困	非贫困
内涵不同	生存型贫困	发展型贫困	无贫困
维度不同	单维:收入或消费	多维,包括收入、教育、健康和居住等	多维度,无任何维度陷入贫困
衡量标准不同	不能维持最低生活水平	高于绝对贫困标准,低于社会公认生活水平	高于社会公认的生活水平
特征不同	绝对性、不平等性	相对性、脆弱性、受阻性、匮乏性、不平等性	共同富裕
治理手段不同	手段单一,补贴	手段复杂多样,精细化	无
入贫风险不同	已经陷入贫困	高风险陷入贫困	无风险
救助标准不同	"两不愁,三保障"	实现全面发展,缩小贫富差距	实现共同富裕

① 吴振磊,王莉.我国相对贫困的内涵特点、现状研判与治理重点[J].西北大学学报(哲学社会科学版),2020,50(04):16—25.
② 孙久文,夏添.中国扶贫战略与2020年后相对贫困线划定——基于理论、政策和数据的分析[J].中国农村经济,2019(10):98—113.

二、相对贫困的界定和内涵

(一)相对贫困的说文解字

从说文解字的角度来看,汉语中的"贫"由"分"和"贝"组成,其含义是"财物合则多,分则少"。"困"的含义是"从口,苦闷也"。因此,"贫困"可以从经济维度、发展维度、环境维度等方面来考察。贫指向经济维度。"贫"的经济维度,主要指收入,国际上通行标准是家庭人均年收入低于社会可支配收入中位数的50%—60%。困指向社会发展维度和居住环境维度。"困"的社会发展维度包括教育和健康,指低于社会平均受教育年限或者不能获得足够的健康保险和服务;"困"的居住环境维度指标主要有家庭人均住房面积低于社会平均住房面积,住房质量低(如缺乏独立卫生间/独立厨房等)。

(二)相对贫困的概念和内涵界定

吸收汉字的含义和国内外权威界定,本研究对相对贫困的概念和内涵进行界定,认为相对贫困包括"贫"和"困"两个方面的维度。其中,"贫"指经济维度,"困"指发展维度。

在已有研究成果的基础上,本书从多维度视角重新梳理和界定了相对贫困的概念和内涵。本研究认为:相对贫困是一种发展型贫困,是指由于经济发展不平衡、基本公共服务差异化等因素,导致家庭或个人拥有的收入、健康、教育、社会资源和社会保障等明显低于社会公认水平的一种生活状态。相对贫困具体表现为七个维度:经济、生活、健康、教育、就业、认知和支持、社会保障。七个维度中,"贫"的维度专门指向"经济维度","困"则指向生活、健康、教育、就业、认知和支持、社会保障这六个维度。贫困人口不能充分融入社会,自身能力、发展机会、享受同等权利等方面受到阻碍。"贫"的经济维度是相对贫困的核心维度,"困"的六个维度是相对贫困的多维表现(如图2-1所示)。

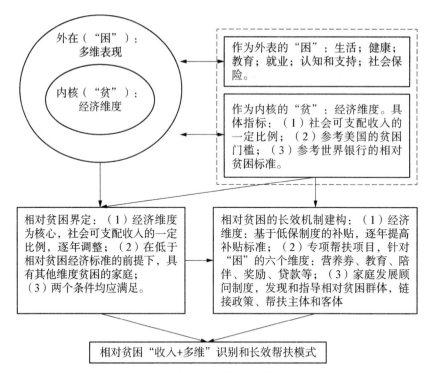

图 2-1　我国相对贫困概念及其内涵图解

　　基于马斯洛需要层次理论,本书对相对贫困的内涵进行划分。绝对贫困对应最低的需要层次,也就是生理需要。相对贫困对应上面的四种需要:安全需要、社交需要、尊重需要和自我实现需要。这也是"高品质生活"的内核。

　　相对贫困群体可以用图2-2中的区域Ⅱ来表示。图2-2的纵轴为家庭人均可支配收入水平,横轴为社会可支配收入水平[①]。区域Ⅰ和区域Ⅲ中的人群,其家庭人均可支配收入水平处于绝对贫困标准之下,是绝对贫困人群。区域Ⅱ是相对贫困人群,其家庭人均可支配收入水平处于绝对贫困标准之上,但低于社会公认标准。区域Ⅳ是富裕人群。

---

　　① 王小林,冯贺霞.2020年后中国多维相对贫困标准:国际经验与政策取向[J].中国农村经济,2020(03):2—21.

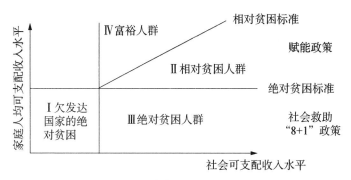

图 2-2 相对贫困人群的区域划分

三、相对贫困的特点

综上所述,相对贫困包括"贫"的经济维度和"困"的发展维度。其特点表现为以下几个方面。

(一) 相对贫困的多维性

相对贫困群体的贫困维度分布具有多样性。本书认为,"贫"和"困"的维度合计有 7 个。以"收入＋多维"模式识别和帮扶相对贫困群体,可以得到以下类别的相对贫困群体(表 2-5)。

(二) 相对贫困致贫机制的复杂性

从表 2-5 可以看出,相对贫困群体的致贫机制较为复杂,既有经济性因素,又有非经济性因素;贫困群体自身的脆弱性也表现为多种形式,包括健康、教育、认知、劳动能力等。致贫机制包括:一是物质资源的相对缺乏性;二是经济条件的脆弱性,反映贫困人口应对家庭的意外支出能力不够稳定;三是可行能力的受阻性;四是发展机会的匮乏性;五是社会保障的不平等性。

(三) 相对贫困治理任务的多重性

相对贫困的治理从以前单纯的经济维度转向多个维度,治理体系面

表 2 - 5　相对贫困的多维表现

一维相对贫困	经济	生活	健康	教育	就业	认知和支持	社会保障
二维相对贫困	经济+生活	经济+健康	经济+教育	经济+就业	经济+认知和支持	经济+社会保障	
三维相对贫困	经济+生活+教育	经济+生活+就业	经济+生活+认知和支持	经济+生活+社会保障	经济+就业+认知和支持	经济+就业+社会保障	经济+健康+教育
四维相对贫困	经济+生活+就业+社会保障	经济+生活+认知和支持+社会保障	经济+生活+认知和支持+社保	经济+健康+就业+社会保障	经济+健康+认知和支持+社会保障	经济+教育+认知和支持+社会保障	经济+认知和支持+社会保障
五维相对贫困	经济+教育+认知和支持+社会保障	经济+生活+就业+认知和支持+社会保障	经济+生活+健康+社会保障	经济+生活+就业+社会保障	经济+生活+认知和支持+社会保障	经济+生活+教育+社会保障	经济+生活+健康+就业

一维相对贫困	经济	生活	健康	教育	就业	认知和支持	社会保障
六维相对贫困	经济+生活+健康+教育+就业+认知和支持	经济+生活+健康+就业+认知和社会保障	经济+健康+教育+就业+认知和支持+社会保障	经济+生活+教育+就业+认知和支持+社会保障	经济+生活+健康+认知+和支持+保障	经济+生活+健康+教育+认知和支持+社会保障	
七维相对贫困	经济+生活+健康+教育+就业+认知和支持+社会保障						

临重塑和完善。治理方式从事后救助向事前预防转变,从"运动式"扶贫向常规化帮扶转变,从多头治理向归口管理转化,从国内标准向国际标准看齐转化。

(四)相对贫困的相对性

1. 主客观相对性

一方面,相对贫困是一种客观状态,可以制定一条相对客观的经济标准。另一方面,相对贫困也具有主观性,涉及贫困群体的心理和认知。

2. 相对贫困的时空相对性

不同社会发展阶段,相对贫困标准不断提高,但在进入共产主义阶段之前,相对贫困基本上不会消除。

3. 相对贫困的相对不稳定性

相对贫困群体绝大部分具有劳动能力,其教育程度提升、劳动能力增强,健康状况好转,都可能改变其生活状况,使其脱离贫困。

第三节　相对贫困治理的理论基础

一、马斯洛需要层次理论

贫困可分为绝对贫困和相对贫困。绝对贫困体现了最低生活标准,最基本的温饱和居住需要;相对贫困则体现一定程度上的生活贫困标准,以及满足最基本生活需求,但无法得到优质的社会生活。

根据马斯洛需要层次理论,不同的需要引导人的不同行为状况的发生,而人的不同阶段的行为也体现了不同阶段的个人需要。低层次的需要得到满足,人才有可能追求更高层次的需要。

在本书的研究中,可运用马斯洛需要层次理论分析相对贫困的影响因素。生理需要是人类生存最基本的需要,可将无法满足这类层次的需求划分为绝对贫困;安全的需要包括人身安全、健康保障、财产、资源和家庭安全等,所包含的方面涉及相对贫困的标准,因此将无法满足这类层次需求划分为相对贫困;感情和归属的需要更多地包含社交所需,因为相对贫困而无法满足社交活动的案例普遍存在,因此将这类需求层次划归入相对贫困的范畴;尊重需要包含自我尊重和被他人尊重等方面,也属于相对贫困所考虑的范围;自我实现的需要包括各种自身行为能力,如解决问题的能力、自觉性、公正度等等,这类需求层次也属于相对贫困所考虑的范围[①](图 2-3)。

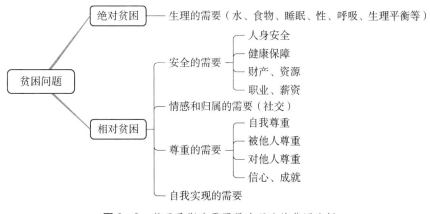

图 2-3 基于马斯洛需要层次理论的贫困分析

二、阿玛蒂亚·森的多维贫困理论

作为多维理论的创始者,阿玛蒂亚·森总结了多维贫困理论。他认为贫困不是单一的收入贫困,还涵盖了多个维度的生活需求以及心理认知方面。

我国社会经济发展迅速,人民生活水平提高,加上精准扶贫等政策,

---

① 胡家祥.马斯洛需要层次论的多维解读[J].哲学研究,2015(08):104—108.

基本实现了减贫目标。但进入新的发展阶段,相对贫困成为社会生活中显露的新问题。调查显示,部分家庭因历史遗留问题,社会政策变动,而被迫陷入相对贫困;部分家庭成员因为先天或后天严重生理疾病问题而陷入相对贫困,部分家庭成员无法获得就业或薪资过低,无法满足家庭发展而陷入相对贫困,部分家庭因子女教育所需而陷入相对贫困,还有部分家庭因为个人状况遭受社会歧视而陷入相对贫困……可见,除了经济收入上的明显差异,不同地区的城市居民家庭在公共服务、政策支持、科教文卫等各个方面同样存在显著差异,需要应用多维贫困理论分析和解决相对贫困问题(图 2 - 4)。

图 2 - 4　多维贫困理论示意图

三、家庭跃迁理论

(一) 基于物理学中量子跃迁理论提出家庭跃迁模型

　　物理学中的量子跃迁规律已被国内外研究者运用到组织管理[①]、农业生产、交通运输、产业创新等多个领域,该规律解释了处于不同能级轨道上的电子通过吸收和释放能量的方式实现电子跃迁的现象。将此规律拓展到相对贫困治理领域,我们推测相对贫困家庭所处的贫困状态也有着类似于电子跃迁的轨道转换路径。其相似性主要表现在:第一,环境因素促进本体结构转化。相对贫困家庭的资源累积状态与量子的跃迁运动有异曲同工之妙,量子跃迁理论提出在稳定状态下,没有外部刺

　　① Ribeiro R, Kimble C, Cairns P. Quantum phenomena in Communities of Practice [J]. International Journal of Information Management,2010,30(1):21 - 27.

激,微观粒子围绕一定的轨道稳定绕行;当外部产生光的刺激时,微观粒子才会发生位移现象,进入新的轨道,这种现象称为量子的跃迁运动①;相对贫困家庭的资源累积状态受到外界各类因素的影响,在政府或社会注意力集中的情况下,公共政策的实施对于相对贫困家庭累积资源、摆脱贫困将起到一个关键性的改变作用。第二,类新陈代谢特征。对于跃迁后的原子来说,当原子中的微观粒子完成吸收和释放光量子的跃迁行为后,原子会形成不同于以前的全新稳定结构。同样,对于完成跃迁后的相对贫困家庭而言,经济、教育、生活、就业等各方面资源在该家庭中呈递进式增长,相对贫困家庭达到一个新的社会生活状态,自身的社会竞争能力获得进一步提升。第三,波粒二象性特征。量子理论中的波粒二象性是指当粒子性不显著时粒子呈现出波动性,当波动性不显著时呈现出粒子性。相对贫困家庭贫困状态更迭的波动性表现在资源获取的周期较短且缺乏可持续性,往往在公共政策的"瞄准"之下达到资源利用的最大化状态,在此过程中未必能使相对贫困家庭转化为社会正常家庭的生活形态。相对贫困家庭贫困状态更迭的粒子性表现为相对贫困家庭为维持或改善长远的生活状况所制定的持续性策略,这种策略在资源获取中的推动作用将长期存在,但即时效用不显著,将随着时间的推移而对相对贫困家庭的状态更迭产生影响。

结合此前国内学者引入量子理论来隐喻组织知识创造的过程,解释了知识创造量变的规律和不同种类知识在知识创造过程中作用的变化②,本书借鉴玻尔理论的思想提出相对贫困家庭跃迁模型,模型的基本假设是:相对贫困家庭跃迁轨道类似于电子运动轨道,其所处的轨道能级是由家庭在社会中占据的资源状况来决定。相对贫困治理应当以实现单个家庭从较低能级的资源轨道向较高能级的资源轨道的跃迁为目标,通过对相对贫困对应的资源缺乏状态进行资源输入,并在资源输入的过程中实现相对贫困家庭内生资源发展动力与能力,最终使其稳定在

① 李柏洲,赵健宇,苏屹. 基于能级跃迁的组织学习—知识创造过程动态模型研究[J]. 科学学研究,2013,31(06):913—922.

② 张铁男,赵健宇,袭希. 组织知识创造的能级跃迁模型研究[J]. 管理工程学报,2013,27(04):41—52.

高资源能级轨道,回归到社会正常的生活水平之中,从而解决贫困治理过程中不平衡不充分的发展矛盾问题。

(二) 相对贫困家庭跃迁演进框架

从能级跃迁理论来看相对贫困家庭跃迁演进规律,可以将其理解为家庭资源的积累与贫困状态的更迭。在此我们需要理清三个关键问题:一是相对贫困家庭的跃迁是如何形成的;二是相对贫困家庭为什么会发生跃迁及其跃迁的触发机制是什么;三是相对贫困家庭的跃迁在何时何地能够完成,对于贫困状态更迭将起到什么样的作用。对上述问题的回答需要基于能级跃迁理论来理解家庭跃迁的基本原理,结合循环累积因果聚集机制探究家庭资源累积与贫困状态更迭之间的内在逻辑,从而揭示相对贫困家庭跃迁的动因、类型和条件,最终构建基于资源状态演进过程中的相对贫困家庭跃迁模型。

1. 相对贫困家庭资源累积轨道的形成

(1) 家庭资源的累积过程

家庭资源可以分为有形资源和无形资源,前者包括人力资源如家庭劳动力的数量、素质、文化、就业、社会地位和身体健康状况,物力资源如生产生活的基础条件、消费投资的可支配财产。后者包括人际关系、社会网络等。[①] Townshend 在解释相对贫困的内涵时曾指出,相对贫困是一种与社会普遍生活水平相比因缺乏资源而被排斥在正常社会生活之外的生存状态。[②] 对于贫困家庭多维资源缺乏的探讨是国内外学者研究贫困问题的重要分析视角。根据缪尔达尔的循环累积因果思想,家庭单元作为国民经济活动的微观主体,家庭的初始资源因禀赋、代际等因素呈现不同的资源分布状态,资源相对富足的家庭单元在社会竞争中占有主动优势,吸引更多的要素资源汇入该家庭单元中,从而促进其发展并拉开与资源相对匮乏的家庭单元之间的资源差距,这种情况被称为"回波效应";而随着外界环境的变化,资源相对富足的家庭单元获取资源的

---

① 柴效武.家庭资源配置机制探析[J].浙江学刊,1999(05):3—5.

② 彼得·汤森.贫困的意义[J].英国社会学,1962(01):210—227.

速度变缓,资源相对匮乏的家庭单元将开始逐步获得同等的资源要素,二者之间的差距缩小,称之为"扩散效应"。由于市场机制的作用,回波效应总是先于和大于扩散效应,资源的连续累积会使得家庭单元之间的差距扩大,从而导致一种恶性循环的困境。

(2)家庭资源累积与原子运动的隐喻

玻尔的原子结构理论指出,当电子运行的轨道不同,原子处于不同的状态并具有不同的能量,原子的能量显示出量子化的层级,这种量子化的能量值就是能级。原子中具有确定能量的稳定状态称为定态,能量最低的状态叫作基态,其他的状态叫作激发态。结合此前国内学者引入量子理论来隐喻组织知识创造的过程,解释了知识创造量变的规律和不同种类知识在知识创造过程中作用的变化[①],本书借鉴玻尔理论的思想,提出基本假设:家庭资源累积轨道类似于电子运动轨道,其所处的轨道能级是由资源累积的能力大小来决定的(图 2-5)。

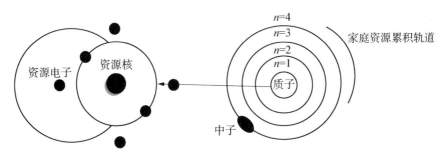

图 2-5 家庭资源累积轨道的形成机理

当家庭单元遵循一定的可持续生计活动进行资源累积时,资源累积程度的差异将决定各个家庭单元处于不同的资源累积轨道中。家庭资源中的无形资源以一种内隐的形式存在于家庭单元内部,是维持家庭生存发展的核心资源集合,称为资源核;而有形资源以一种外显的形式存在于家庭单元的运行载体中,称为资源电子。资源核与资源电子的相互

① 张铁男,赵健宇,裘希.组织知识创造的能级跃迁模型研究[J].管理工程学报,2013,27(04):41—52.

作用可以类比量子运动特征,具体表现为资源核吸引资源电子,将外显资源转变为内隐资源,提升资源积累的能级;资源电子在运动过程中吸收新的电子,寻求改变自身所处的资源累积轨道,实现资源累积的跃迁。

2. 相对贫困家庭资源跃迁状态的演进

类似于量子跃迁所需要的外部刺激条件,相对贫困家庭的跃迁本质上是一种贫困状态演进过程,这种演进并不能随时随地自发产生,而是需要在外界能量的刺激下产生反应。基于此,本书的研究将家庭资源获取过程视为一个复杂系统,构建相对贫困家庭资源累积的状态演进图,进一步阐明家庭贫困状态的能级跃迁原理。如图2-6所示,5种家庭资源累积能级状态构成相对贫困家庭跃迁3个时期的演进过程。

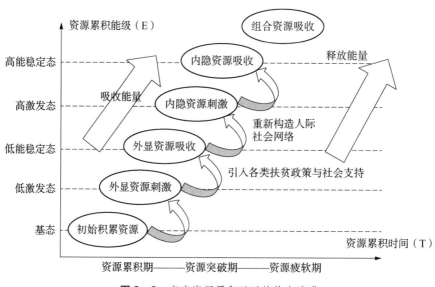

图2-6 家庭资源累积跃迁的状态演进

从家庭资源累积跃迁的5个状态来看,首先,当相对贫困家庭的资源累积能级处于基态时,表明此时尚未进入资源累积期,在初始状态下,相对贫困家庭缺乏与外部环境的互动交流,对资源的获取和转化能力较弱,难以具备资源再积累的能力。其次,当相对贫困家庭的资源累积能级处于低激发态和低能稳定态时,此时家庭单元内已经开始接受外显资源(扶贫政策、社会支持等)的刺激,具备了获取外部支持资源的基本能力,但是自身的资源累积能力仍然较弱,家庭内部处于一种"只进不出"的生产状态,资源累积的内生动力不足。再次,当相对贫困家庭的资源累积能级进入高激发态时,表明家庭单元在资源累积的过程中逐渐形成对资源累积的自主转化能力,内隐资源的重要性开始凸显,家庭单元内部开始重视家庭资源的累积能力和发展能力,并能根据不同的贫困成因寻求解决方案。最后,相对贫困家庭在资源累积过程中可能面临两种局面,一是在高激发态的作用下家庭单元对于组合资源的吸收能力极强并达到资源突破阶段,通过长期的资源累积最终突破"贫困陷阱"来实现家庭资源的跃迁;二是在高激发态之后进入资源疲软期,即相对贫困家庭的外显资源与内隐资源未能在跃迁过程中实现转化和吸收,导致家庭单元陷入如黑箱一般的"贫困陷阱"之中。

3. 相对贫困家庭跃迁过程

本书认为,家庭跃迁可以分为三种状态:基态、激发态和定态。基本结构如图2-7所示。首先,处于基态即相对贫困状态的家庭,资源和机会都较少,生活水平低于社会公认水平;然后,政府、市场、社会组织等为相对贫困家庭赋能,提供资源和发展机会,相对贫困家庭吸收能量后转

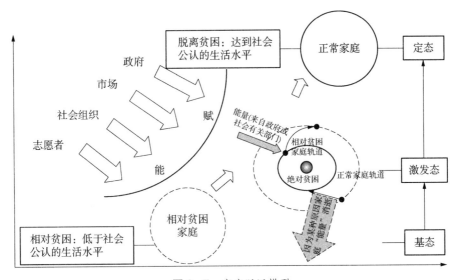

图2-7 家庭跃迁模型

变为自我发展的内生动力,从而达到激发态;最后,随着能量不断积蓄,相对贫困家庭能够充分获得资源和机会,完全脱离贫困,达到社会公认的生活水平,进入到正常家庭,进而达到定态。激发态和定态都是家庭跃迁的一种状态。三种状态需要依靠指标体系进行衡量和评估,三种状态的变化需要多元主体为相对贫困治理注入能量,以实现家庭跃迁。以家庭跃迁程度衡量相对贫困治理效率。家庭跃迁程度越大,表明相对贫困治理效率越高。

(三)相对贫困家庭跃迁指标体系和模型构建

在前文分析家庭资源累积和跃迁状态的基础上,本研究基于 AF 双临界值法构建相对贫困家庭跃迁测量模型,分基态、激发态和定态三个主阶段对相对贫困家庭资源汲取与状态跃迁进行定量化分析,进一步解释如何在家庭跃迁视角下提高相对贫困治理的有效性。

1. 相对贫困家庭跃迁模型的指标体系

要实现相对贫困家庭跃迁的目标,关键是辨析相对贫困家庭缺乏何种资源以及如何将资源与缺口一一对应。梳理全世界关于相对贫困的研究成果,可以发现,各国学者和有关部门在界定相对贫困的贫困内涵时主要有以下观点:一是以联合国和世界银行为代表的"人类发展指数"等确定的"收入、健康和教育"三大指标体系。联合国制定的"多维贫困指数"中则包含健康、教育、居住环境三大维度 18 个指标;二是以汤森等学者为代表的"收入、资源、能力、发展机会和社会保障"等五大指标体系;三是在社会实践中,欧盟国家确定的"吃得好、住得好、穿得好、拥有车辆"等作为相对贫困和富裕的划分标准体系。墨西哥等国家考虑的维度有收入、教育和就业等。Booysen 等认为可以建立资产指数。我国学者王小林认为,可以建立经济维度、社会发展维度和生态环境维度 3 个维度。刘愿理指出,可以建立物质资源、经济条件、可行能力、发展机会和社会保障 5 个维度。

综合联合国、世界银行的多维贫困指数、人类发展指数,以及墨西哥等国家的衡量指标体系,本研究选取 30 位专家进行深入访谈,在理论分析的基础上确立了包含 7 个维度的一级指标体系与包含观测问题的二级指标体系,使用 AF 双临界值法建立相对贫困家庭跃迁测量模型。研究中所使用的家庭跃迁测量维度主要包括经济、生活、健康、教育、就业、认知和支持、社会保障 7 个维度,共计 21 个衡量指标。其中经济维度包括经济收入、负债行为、投资理财、房产状况 4 个指标;生活维度包括卫生间是否独立、厨房是否独立 2 个指标;健康维度包括健康情况、残疾情况 2 个指标;教育维度包括个人教育程度、子女教育程度 2 个指标;就业维度包括就业人数、劳动技能 2 个指标;认知和支持维度包括社会支持、自强思想和管理能力 3 个指标;社会保障维度包括加入养老保险、加入医疗保险、加入失业保险、加入生育保险、加入工伤保险和加入长护险 6 个指标。

由于相对贫困属于发展性贫困,存在机会贫困、收入贫困、能力贫困、工作贫困等多种发生因素[①],且国内外对于相对贫困的测量标准存在较多不一致,故引入近年来在贫困治理领域广泛运用的可持续生计分析框架,通过对相对贫困家庭资源汲取与状态跃迁的阶段性分析,进一步解释基于可持续生计框架的相对贫困家庭跃迁机理。研究中所使用的家庭跃迁维度与 SL 方法中的贫困测量维度具有时空上的一致性与对应性。

2. 相对贫困家庭跃迁模型的测量过程

在量子跃迁思想指导下,本研究分别从基态、激发态、定态三个阶段对相对贫困家庭资源汲取与贫困状态进行跟进与测量。对不同阶段下相对贫困家庭的资源数量,本研究基于家庭跃迁指标模型构建数据矩阵,对于 n 个家庭设置 7 个一级指标,21 个二级指标,构建了一个 $n \times 21$ 的数据矩阵,将被测者的家庭数据录入矩阵,即可以得到该被评估者的贫困状况数据矩阵。根据录入的数据矩阵对被评估者进行资源数量的测量。对于 21 个二级指标,当选择"是"时,得 1 分;选择"否"时,得 0 分。选择"是"的二级指标加总,得到剥夺指标 N。对于该家庭处于相对贫困双临界值 M 范围内的维度数量加总,得到贫困维度数量 k,其取值为 $1 \leqslant k \leqslant 7$。剥夺指标数量 N 越大,或者贫困维度 k 越大,表示该家庭陷入贫困的方面越多,缺乏的资源数量越多,越需要得到多个方面的救助

① 严新明,朱萌.新时代中国解决相对贫困的可行性及对策[J].改革与战略,2020,36(03):77—85.

和帮扶。当总得分为0时，表示脱离贫困，进入富裕阶层。因此，可以根据得分对家庭进行相对贫困状态的识别，根据被测者的得分，将被测者评估为"基态""激发态"和"定态"三个阶段，通过计算多维贫困发生率 H、平均剥夺率 A、指标贡献度 V 和多维贫困指数 MPI 等测量相对贫困家庭的资源状态变化情况。贫困状态测量流程如图 2-8 所示。

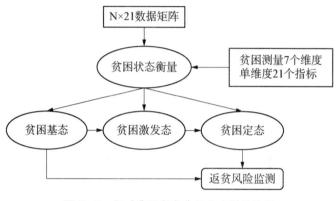

图 2-8 相对贫困家庭贫困状态测量流程

3. 家庭跃迁模型在本研究中的应用思路框架

（1）提出问题：家庭跃迁模型构建研究

借鉴物理学领域的量子跃迁理论，查阅相关文献，构建家庭跃迁模型。能级跃迁概念最早由波尔（Niels Bohr，1913）提出。绝对贫困和相对贫困的理论与实践均证明，家庭的贫困具有代际传递和自我循环。当父辈陷入相对贫困后，无论其经济基础、物质条件还是文化认知，均具有较大的传递性。家庭的贫困状况不断循环，阻断了家庭提高生活品质的通道。在建立解决相对贫困的长效机制过程中，需要建立促使家庭脱离原有轨道，进入更高和更大的轨道运行的机制。当家庭没有外力帮扶的时候，或者只有最低标准的经济扶助的时候，家庭的正常轨道是实线的运行轨道。家庭陷入一种低级别的循环。电子如同家庭的各个成员，永远沿着实线运行，无法跳脱出来，无法获得能量（图 2-7）。这时，需要政府和社会有关部门"赋能"，给红色的电子注入能量，让电子脱离原有低级别轨道。相对贫困治理，像低轨道运转的电子受光子撞击后跃入远离贫困中心的高轨道,是政府和社会"赋能"的结果,也是相对贫困治理效率的体现。

(2)理论分析:家庭跃迁维度和家庭跃迁衡量指标体系构建研究

如前文所述,家庭跃迁维度包括:经济维度、生活、健康、教育、就业、认知和支持、社会保障等 7 个维度 21 个指标。

(3)实证调查:相对贫困家庭跃迁初始基态数据收集、处理和分析

首先,数据收集。本研究借鉴 AF 方法,采用双临界值法识别相对贫困家庭,在山东、贵州、湖南、上海、浙江、安徽以及广西 7 个省份各选取 2 个县市,合计 14 个县市,再抽取 28 个街道,通过各种渠道收集数据,组建数据库。包括:①相对贫困家庭的初始基态数据,包括经济、生活、健康、教育、就业、认知和支持、社会保障 7 个维度 21 个指标;②相对贫困治理相关主体数据,包括当地民政部门、人力资源和社会保障部门、医疗保障部门等政府部门的治理政策,社会组织、爱心人士、企业等帮扶措施相关数据。

第二,家庭初始基态数据处理和分析。首先,深入分析我国相对贫困家庭的初始基态数据,对 7 个维度 21 个指标进行深入调查和评估。然后,由 7 个维度 21 个指标形成评估体系,对相对贫困家庭的被剥夺指标进行统计分析,了解我国相对贫困家庭状况。

(4)追踪调查:相对贫困家庭激发态和定态、家庭跃迁情况数据分析

首先,在第一次调查后,每年进行一次追踪调查,了解相对贫困家庭接受多元主体协同治理"赋能"后的变化,将变化后的情况界定为激发态,分为低激发态和高激发态两个阶段,这两个阶段的家庭状态可以反复:①可能继续提升能级,进行跃迁;②可能因为某些原因再次返贫;③可能最终脱贫,进入正常家庭运行轨道,即"定态"。

然后,进行家庭跃迁幅度和跃迁状态数据处理和分析。将追踪调查数据进行处理和分析,分析家庭跃迁幅度和跃迁状态。

(5)统计分析:基于家庭跃迁模型的相对贫困治理衡量和影响因素分析

依据初次调查数据和追踪调查数据,对家庭跃迁幅度进行综合衡量

和分级。然后，以家庭实现跃迁为目标衡量相对贫困治理效率，运用统计分析方法研究影响相对贫困治理效率的因素。本研究认为，影响家庭跃迁的因素有：①相对贫困治理模式；②相对贫困治理投入；③相对贫困治理主体；④是否激发内生发展动力。

（6）实践检验：家庭跃迁视域下相对贫困多元协同治理实践模式探索优选

在试点地区，同当地民政部门和社会组织合作，探索家庭跃迁视域下相对贫困多元协同治理实践模式。首先，采取多元协同治理方式，明确相对贫困治理责任，建立相对贫困治理投入的标准化衡量指标体系；其次，以相对贫困群体为中心，根据数据进行追踪和效果监测；再次，在治理过程中，运用模拟仿真，确保资源有效配置，避免短缺或浪费，提升相对贫困治理效率；最后，不断实践，优选协同治理模式，面向全国进行推广。相对贫困治理模式包括"综合型"模式、"针对型"模式、"全面型"模式和"项目制"模式等（图2-9）。

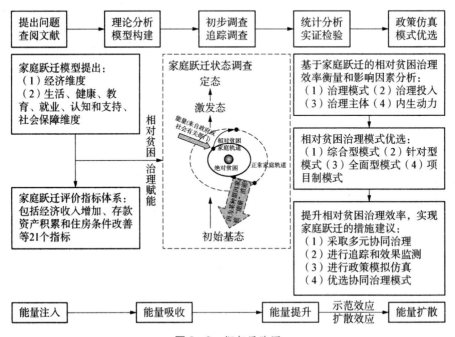

图2-9　框架思路图

如图 2-9,本研究按照"提出问题—家庭跃迁模型构建—家庭跃迁评价指标体系设计—相对贫困的全国性追踪调查—相对贫困治理效率衡量和提升方案设计—相对贫困治理效率提升模式实践运用与优选"的思路进行研究。首先,在选取的调研地区收集相对贫困家庭的初始基态数据。其次,通过多次问卷和访谈,采用德尔菲法,构建家庭跃迁衡量指标体系。再次,对不同初始基态的相对贫困家庭建立相应的协同治理模式。第四,运用公共管理实验室进行多次模拟仿真,进行中长期规划。最后,在试点地区加以实践运用,不断改进方案,得出最优模式。

第三章
家庭跃迁视域下我国相对贫困群体现状调查分析

第一节 调查设计

一、问卷和访谈提纲设计

(一) 问卷设计

为调查了解我国相对贫困群体现状及其相对贫困发生机制,本研究设计了一份面向相对贫困家庭的问卷。问卷涵盖5个方面的问题,分别是个人基本情况、家庭基本情况、生活基本情况、看法和感受以及社会保险参加情况,共计29道问题。问卷设计内容和题号如表3-1所示。

表3-1 问卷设计情况表

问卷内容	题号分布	题目数量	问卷内容	题号分布	题目数量
个人基本情况	1—4	4	看法和感受	26	1
家庭基本情况	5—11	7	社会保险参加情况	27—29	3
生活基本情况	12—25	14	合计	29	29

(二) 访谈提纲设计

为深入了解相对贫困家庭的具体情况，探究其背后的原因，本研究设计了2份访谈提纲。第一份访谈内容涵盖工作人员，包括4个问题：一是对目前我国相对贫困户的现状有何看法；二是工作过程中的难点有哪些；三是相对贫困的进一步界定和帮扶对本地区发展有何帮助或存在哪些问题；四是对本地区相对贫困发展有何展望。

第二份访谈内容涵盖相对贫困家庭，包括20个问题，主要包括家庭的工作情况、收入情况、住房情况、社会保险情况、孩子教育情况、被访谈者的心理和认知情况等。

二、问卷和访谈实施设计

(一) 问卷调查实施设计

本次问卷调查共发放1500份，回收有效问卷1052份。判断为有效问卷的标准，一是要求答案完整；二是21个指标中至少有一个指标被剥夺。故剔除了那些"完美"的家庭。

对于年龄过大或者文化水平比较低，无法完整填写问卷的老年相对贫困群体，本研究课题组采用口述、口头问答的形式，为老年相对贫困群体念问题，由他们口头回答，以确保采集到真实准确的数据。

(二) 访谈调查实施设计

在开展问卷调查的同时，本研究课题组对接受调查的管理人员、相对贫困家庭，以召开座谈会、开展个别访谈、电话交流以及微信交流等方式进行访谈。

(三) 实地考察

在调查过程中，课题组人员在得到相对贫困家庭同意的前提下，进行了实地考察,入户调查该家庭的生活状况,考察其居住环境,如厨房、卫生间、卧室等设施情况。

第二节　调查结果分析

一、调查的基本情况

(一) 被调查者个人基本情况

1. 性别情况

关于被调查对象的性别,调查结果表明,在 1052 份家庭运行调查问卷中,男性有 345 人,占被调查总人数的 32.8%。女性有 707 人,占被调查总人数的 67.2%。从总体上看,此次调查中女性的参与比例较高(表 3-2)。

表 3-2　被调查者性别情况

性别	人数(人)	百分比
男性	345	32.8%
女性	707	67.2%
总计	1052	100%

2. 年龄情况

本次参与调查的人群中年龄段普遍集中于 30—49 岁。其中,40—49 岁的人数最多,达到 380 人,占被调查对象总人数的 36.1%。其次是 30—39 岁,这个年龄段的人数为 287 人,占被调查对象总人数的 27.3%。这两个年龄段的人数相差不大,且人数占比超过六成。排在第三到第五的分别是 30 岁及以下、50—59 岁、60 岁及以上(图 3-1)。

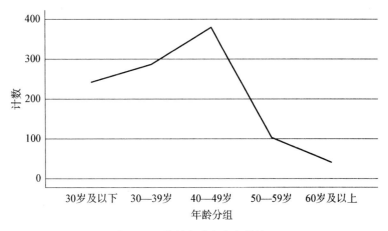

图3-1 被调查对象的年龄情况

3. 婚姻状况

调查结果显示,在接受调查的人员中,婚姻状况是"已婚并与配偶一同居住"的人数最多,达到 588 人,占被调查对象总人数的 55.9%。原因是以家庭为单位的人群多数是已婚并与配偶一同居住。人数排名第二的是从未结婚的人群,有 201 人,占比为 20.53%。排第三的是已婚但因工作原因暂时没跟配偶在一起居住的人群,有 155 人,占比为 14.7%。离异人群有71 人,占比为 6.7%。丧偶人群有 8 人,占比为 0.8%。人数最少的是与配偶分居的人群,只有 4 人,仅占 0.4%(图3-2)。

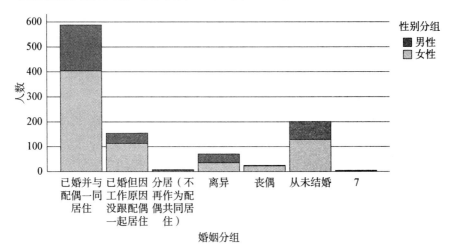

图3-2 被调查对象的婚姻状况

4. 受教育程度

关于被调查对象的受教育程度,调查结果显示,在接受调查的人员中,大专或本科学历人数最多,达到 354 人,占比为 33.7%。其次是初中及以下,达到 310 人,占比为 29.5%。再次是高中或者中专文化程度,达到 308 人,占比为 29.3%。排第四的是硕士或博士学历,为 77 人,占比为 7.3%。人数最少的是从未受过教育的人群,只有 3 人,占比为 0.3%。如表 3-3 所示。

表 3-3 被调查对象的受教育程度

学历	人数(人)	百分比(%)
初中及以下	310	29.5
高中或中专	308	29.3
大专或本科	354	33.7
硕士或博士	77	7.3
未受过教育	3	0.3
总计	1052	100

(二) 家庭基本情况

1. 家庭成员情况

关于被调查对象家庭成员的情况,调查结果显示,接受调查的人员所在家庭成员为 4 人的人数最多,有 310 人,占 29.5%。其次是家庭成员数为 3 人,有 297 人,占比为 28.2%。再次,是家庭成员数为 5 人,有 162 人,占 15.4%。排第四位的是家庭成员数为 6 人,有 143 人,占 13.6%。排第五位的是家庭成员数为 2 人,有 100 人,占 9.5%。人数最少的是家庭成员数只有被调查者 1 人,有 8 人,占被调查对象的 0.8%。如表 3-4 所示。

表 3-4 被调查对象家庭成员情况

除被调查者外的家庭成员人数	人数(人)	百分比(%)
0	8	0.8
1	31	2.9

除被调查者外的家庭成员人数	人数(人)	百分比(%)
2	100	9.5
3	297	28.2
4	310	29.5
5	162	15.4
6	143	13.6
7人及以上	1	0.1
总计	1052	100

2. 抚养子女情况

关于被调查对象抚养子女的情况,调查结果显示,被调查者有2个孩子的人数最多,有422人,占被调查对象总人数的40.1%。其次是有1个小孩,有325人,占30.9%。排第三的是没有抚养小孩的被调查者,有224人,占21.3%。人数最少的是抚养3个及以上孩子的被调查者,有80人,占7.6%。如表3-5所示。

表3-5　被调查对象抚养子女情况

子女数	人数(人)	百分比(%)
0个	224	21.3
1个	325	30.9
2个	422	40.1
3个及以上	80	7.6
未填	1	0.1
总计	1052	100

3. 孩子年龄情况

关于被调查对象抚养孩子的年龄,调查结果显示,第一个孩子的年龄在7—17岁之间的最多,有464人,占调查对象总人数的44.1%。第一个孩子的年龄在18岁及以上的排第二,有312人,占29.7%。第一个孩子的年龄在6岁及以下的最少,有54人,占5.1%。对拥有两个孩子的被调查者来说,第二个孩子的年龄在7—17岁之间的最多,有310人,占29.5%。第二个孩子的年龄在6岁及以下的人数排第二,有110人,占 10.5%。第二个孩子的年龄在 18 岁及以上的最少，有 57 人，占 5.4%。对于拥有三个孩子的被调查者来说，第三个孩子的年龄在 7—17 岁之间的最多，有 54 人，占 5.1%。第二个孩子的年龄在 6 岁及以下的排第二，有 25 人，占 2.4%。第二个孩子的年龄在 18 岁及以上的最少，有 7 人，占 0.7%。如表 3-6 所示。

表 3-6　被调查对象的子女年龄情况

	年龄	人数（人）	百分比（%）
第一个孩子	6 岁及以下	54	5.1
	7 岁—17 岁之间	464	44.1
	18 岁及以上	312	29.7
第二个孩子	6 岁及以下	110	10.5
	7 岁—17 岁之间	310	29.5
	18 岁及以上	57	5.4
第三个孩子	6 岁及以下	25	2.4
	7 岁—17 岁之间	54	5.1
	18 岁及以上	7	0.7

4. 孩子的受教育程度

关于被调查对象抚养孩子的受教育程度，调查结果显示，家庭中第一个子女正在接受小学或初中义务教育的被调查者人数最多，有 514 人，占被调查对象总人数的 48.9%。如表 3-7 所示。

表 3-7　家庭子女受教育情况

子女受教育程度	第一个子女（人）	第二个子女（人）	第三个子女（人）
0—3 岁婴儿	54	/	/
学前班或幼儿园	97	/	/
正接受小学或初中义务教育	514	4	1
高中	133	2	/
未完成义务教育，已辍学	10	/	/
已完成义务教育，未读高中	27	/	/
高中毕业，但未继续读专科或本科	38	2	/
大学及以上	214	3	/

5. 小孩是否需要教育支持的情况

关于被调查对象的孩子是否需要教育支持的情况,调查结果显示,在有子女的家庭中,认为小孩目前需要家庭辅导及陪伴学习等教育支持的被调查者有 499 人,占被调查对象总人数的 47.4%。认为小孩目前不需要家庭辅导及陪伴学习等教育支持的被调查者有 330 人,占 31.4%。如表 3-8 所示。

表 3-8　被调查对象孩子是否需要教育支持的情况

教育支持	人数(人)	百分比(%)
需要	499	47.4
不需要	330	31.4

6. 可以支持小孩的教育程度情况

关于被调查者能支持孩子上学到什么程度,调查结果显示,在有子女的 829 户家庭中,能够支持孩子大学毕业的被调查者人数最多,有 348 人,占被调查者总人数的 33.1%。排第二的是能支持孩子读到硕士以上,有 203 人,占 19.3%。排第三的是能支持孩子读到高中毕业,有 154 人,占 14.6%。排第四的是能支持孩子读到初中毕业,有 81 人,占 7.7%。最后是仅能支持孩子读到小学,有 43 人,占 4.1%。如表 3-9 所示。

表 3-9　被调查对象可以支持小孩的教育程度情况

支持子女教育程度	人数(人)	百分比(%)
小学	43	4.1
初中毕业	81	7.7
高中毕业	154	14.6
大学毕业	348	33.1
硕士以上	203	19.3

二、调查结果分析

(一)关于收入的调查结果分析

1. 年人均可支配收入

关于年人均可支配收入,本研究设置了 3 个档次,分别是当地人均收入的 40% 及以下,当地人均收入的 40% 以上至人均收入 60%(含 60%)之间,当地人均收入 60% 以上至当地人均收入之间。其中,选择当地人均收入的 40% 及以下的人数最多,有 489 人,占比达到 46.5%。选择当地人均收入的 40% 以上至人均收入 60% 之间的人数占比达到 36.8%。选择当地人均收入 60% 以上至当地人均收入之间的人数最少,有 176 人,占比为 16.7%。如表 3-10 所示。

表3-10 被调查对象的家庭年人均可支配收入

年人均可支配收入	人数(人)	百分比(%)
当地人均收入的40%及以下	489	46.5
当地人均收入的40%以上至人均收入60%(含60%)之间	387	36.8
当地人均收入60%以上至当地人均收入之间	176	16.7
总计	1052	100

2. 年人均支出

关于年人均必须的支出,根据家庭运行标准,本研究将其定义为刚好满足家庭日常生活需要的支出,设置了 3 个档次,分别是当地人均收入的 40% 及以下,当地人均收入的 40% 以上至人均收入 60%(含 60%)之间,当地人均收入 60% 以上至当地人均收入之间。其中,选择当地人均收入的 40% 及以下的人数最多,有 523 人,占 49.7%。选择当地人均收入的 40% 以上至人均收入 60%(含 60%)之间的人数排第二,有 431 人,占 41%。选择当地人均收入 60% 以上至当地人均收入之间的人数最少,有98人,占9.3%。如表3-11所示。

表3-11 被调查对象的家庭年人均支出

年人均支出	人数(人)	百分比(%)
当地人均收入的40%及以下	523	49.7
当地人均收入的40%以上到人均收入60%(含60%)之间	431	41
当地人均收入60%以上到当地人均收入之间	98	9.3
总计	1052	100

3. 负债情况

关于被调查者的负债情况,调查结果显示,无负债的被调查者人数最多,有517人,占49.1%。选择"有负债,且偿还后不改变原来生活水平"的排第二,有292人,占27.8%。选择"有负债,但偿还后降低了原来生活水平"的最少,有243人,占23.1%。如表3-12所示。

表3-12 被调查对象的负债情况

负债情况	人数(人)	百分比(%)
有负债,且偿还后不改变原来生活水平	292	27.8
有负债,但偿还后降低了原来生活水平	243	23.1
无负债	517	49.1
总计	1052	100

4. 投资理财情况

关于被调查者是否在满足其日常生活的前提下进行一些投资理财行为,调查结果显示,没有投资理财行为,收入只可满足日常生活需求的人数最多,有622人,占59.1%。会进行储蓄、基金、股票投资的人数排第二,占30.5%。会进行房产、商铺等固定资产投资的人数最少,只有109人,占10.4%。如表3-13所示。

表3-13 被调查对象的投资理财情况

投资理财	人数(人)	百分比(%)
有,会进行储蓄、基金、股票投资	321	30.5
有,会进行房产、商铺等固定资产投资	109	10.4
无,收入只可满足日常生活需求	622	59.1
总计	1052	100

(二) 关于住房的调查结果分析

1. 住房产权

关于被调查者是否拥有其住房房产权的情况,调查结果显示,拥有房产权的人最多,有735人,占69.9%。没有房产权的人最少,有317人,占30.1%。如表3-14所示。

表3-14 被调查对象的住房产权情况

住房产权	人数(人)	百分比(%)
有	735	69.9
无	317	30.1
总计	1052	100

2. 独立卫生间

关于被调查者的住房是否有独立卫生间,调查结果显示,91.5%的被调查者的住房都拥有独立卫生间,只有8.5%没有独立卫生间。如表3-15所示。

表3-15 被调查者家中是否拥有独立卫生间情况

独卫	人数(人)	百分比(%)
有	963	91.5
无	89	8.5
总计	1052	100

3. 独立厨房

关于被调查者的住房是否有独立厨房,调查结果显示,92.6%的被调查者的住房都拥有独立厨房,只有 7.4%没有独立厨房。如表 3-16 所示。

表 3-16 被调查者家中是否拥有独立厨房情况

独立厨房	人数(人)	百分比(%)
有	974	92.6
无	78	7.4
总计	1052	100

(三) 关于家庭成员身体健康状况的调查结果分析

1. 需要提供长期生活照料的老年人情况

关于被调查者家中需要提供长期生活照料的老年人情况,调查结果显示,607 个被调查者家庭中没有需要提供长期生活照料的老年人,占 57.7%。229 个被调查者家庭中有 1 名需要提供长期生活照料的老年人,占 21.8%。151 个被调查者家庭中有 2 名需要提供长期生活照料的老年人,占 14.4%。如表 3-17 所示。

表 3-17 被调查者家中需要提供长期生活照料的老年人情况

需要照料的老年人	人数(人)	百分比(%)
0	607	57.7
1人	229	21.8
2人	151	14.4
3人	31	2.9
4人及以上	34	3.2
总计	1052	100

2. 患有重大疾病或慢性病的家庭成员情况

关于被调查者家庭中当前患有一种及以上重大疾病或慢性病的家

庭成员情况,调查结果表明,655 个被调查者家中没有患有一种及以上重大疾病或慢性病的家庭成员,占被调查者总人数的比例为 62.3%。排第二的是家中有 1 名当前患有一种及以上重大疾病或慢性病的家庭成员,有 258 人,占 24.5%。排第三的是家中有 2 名当前患有一种及以上重大疾病或慢性病的家庭成员,有 104 人,占 9.9%。如表 3-18 所示。

表 3-18　被调查者家中患有重大疾病或慢性病的家庭成员情况

患病人数	人数(人)	百分比(%)
0	655	62.3
1人	258	24.5
2人	104	9.9
3人	26	2.5
4人及以上	9	0.9
总计	1 052	100

3. 存在肢体、智力、听力、视力或多重残疾的家庭成员情况

关于被调查者家庭中存在肢体、智力、听力、视力或多重残疾的家庭成员情况,调查结果表明,838 个被调查者家中不存在肢体、智力、听力、视力或多重残疾的家庭成员,占 79.7%。排第二的是家中有 1 名存在肢体、智力、听力、视力或多重残疾的家庭成员,有 158 人,占 15%。排第三的是家中有 2 名存在肢体、智力、听力、视力或多重残疾的家庭成员,有 47 人,占 4.5%。如表 3-19 所示。

表 3-19　被调查者家中有肢体、智力、听力、视力或多重残疾的家庭成员情况

残疾人数	人数(人)	百分比(%)
0	838	79.7
1人	158	15
2人	47	4.5
3人	7	0.7
4人及以上	2	0.2
总计	1 052	100

4. 当前患有精神或心理疾病的家庭成员情况

关于被调查者家庭中当前患有精神或心理疾病的家庭成员情况,调查结果表明,977 个被调查者家中没有当前患有精神或心理疾病的家庭成员,占被调查者总人数的比例为 92.9%。排第二的是家中有 1 名当前患有精神或心理疾病的家庭成员,有 70 人,占 6.7%。排第三的是家中有 2 名当前患有精神或心理疾病的家庭成员,有 3 人,占 0.3%。如表 3-20 所示。

表 3-20　被调查者家中当前患有精神或心理疾病的家庭成员情况

心理疾病(人)	人数(人)	百分比(%)
1	977	92.9
2	70	6.7
3	3	0.3
4	2	0.2
总计	1052	100

5. 就业人数

关于被调查者家庭中健康劳动力的在就业人数,调查结果表明,576 个调查者家中健康劳动力有 2 人正在就业,占 54.8%。排第二的是家中健康劳动力有 1 人正在就业,有 313 人,占比为 29.8%。排第三的是家中健康劳动力有 3 人正在就业,有 115 人,占 10.9%。如表 3-21 所示。

表 3-21　被调查者家中在就业人数情况

就业人数	人数(人)	百分比(%)
1 人	313	29.8
2 人	576	54.8
3 人	115	10.9
4 人	39	3.7
5 人及以上	9	0.9
总计	1052	100

6. 劳动力素质

关于被调查者家庭中的主要劳动力是否拥有相关职业技能证书的

情况,调查结果显示,383个被调查者家庭中的主要劳动力部分拥有相关职业技能证书,占36.4%。家中主要劳动力全部都没有相关职业技能证书有405人,占38.5%。家中主要劳动力全都有相关职业技能证书的有264人,占被调查者总人数的比例为25.1%。如表3-22所示。

表3-22 被调查者家中的主要劳动力是否拥有相关职业技能证书的情况

劳动技能证书	人数(人)	百分比(%)
都有	264	25.1
部分人有	383	36.4
全部都没有	405	38.5
总计	1 052	100

(四)关于认知情况和社会保险参加情况的调查结果分析

1. 被调查者对于以下问题的感受

(1)您在家庭经济或生活陷入困境时会积极寻找解决办法

关于在家庭经济或生活陷入困境时会积极寻找解决办法的认同情况,调查结果显示,选择人数最多的是"完全同意",达到444人。另外还有大部分人选择了"一般"和"基本同意",分别是176人和296人。但还是有51人选择了"基本不同意",85人选择了"完全不同意"。

(2)您对您家庭的生活、经济及未来发展有较为明确的规划

关于"您对您家庭的生活、经济及未来发展有较为明确的规划"的认同情况,调查结果显示,选择人数最多的是"基本同意",达到326人。另外还有275人选择"完全同意"。但还是有73人选择了"基本不同意",52人选择了"完全不同意"。

(3)您及您的家庭受过很多来自社会的物质支持与精神支持

关于"您及您的家庭受过很多来自社会的物质支持与精神支持"的认同情况,调查结果显示,选择人数最多的是"完全不同意",达到300人。另外还有大部分人选择了"一般"和"基本不同意",分别是278人和243人。还有138人选择了"基本同意",93人选择了"完全同意"。

（4）您有只求温饱、得过且过的生活观

关于"您有只求温饱、得过且过的生活观"的认同情况，调查结果显示，选择人数最多的是"完全不同意"，达到 402 人。另外还有大部分人选择了"一般"和"基本不同意"，分别是 220 人和 259 人。还有 106 人选择了"基本同意"，65 人选择了"完全同意"。

（5）与其他人相比，自己及家里人没有什么发展前途

关于"与其他人相比，自己及家里人没有什么发展前途"的认同情况，调查结果显示，选择人数最多的是"完全不同意"，达到 416 人，占被调查总人数的比例为 39.5％。另外有大部分人选择了"一般"和"基本不同意"，分别是 248 人和 216 人。还有 97 人选择了"基本同意"，75 人选择了"完全同意"。

被调查者对以上问题的感受如表 3-23 所示。

表 3-23　被调查者家庭认知情况

	完全不同意(%)	基本不同意(%)	一般(%)	基本同意(%)	完全同意(%)
您在家庭经济或生活陷入困境时会积极寻找解决办法	8.1	4.8	16.7	28.1	43.2
您对您家庭的生活、经济及未来发展有较为明确的规划	4.9	6.9	31.0	31.0	26.1
您及您的家庭受过很多来自社会的物质支持与精神支持	28.5	23.1	26.4	13.1	8.8
您有只求温饱、得过且过的生活观	38.2	24.6	20.9	10.1	6.2
与其他人相比，自己及家里人没有什么发展前途	39.5	20.5	23.6	9.2	7.1

2. 参加社会保险的家庭成员情况

（1）养老保险

关于家中参加养老保险的成员情况，调查结果显示，选择人数最多的是有 2 人参加了养老保险，达到 370 人，占 35.2％。但是家中无人参与社会保险的有 185 人，占比为 17.6％。

（2）医疗保险

关于家中参加医疗保险的成员情况，调查结果显示，选择人数最多

的是有 5 人参加了医疗保险,达到 242 人,占比为 23%。家中无人参与医疗保险的只有 60 人,占 5.7%。

（3）失业保险

关于家中参加失业保险的成员情况,调查结果显示,选择人数最多的是家中无人参加失业保险,达到 587 人,占比为 55.9%。排第二的是家中有 2 人参加了失业保险,有 212 人,占比为 20.2%。

（4）工伤保险

关于家中参加工伤保险的成员情况,调查结果显示,选择人数最多的是家中无人参加工伤保险,达到 524 人,占比为 49.8%。排第二的是家中有 2 人参加了工伤保险,有 237 人,占比为 22.5%。

（5）生育保险

关于家中参加生育保险的成员情况,调查结果显示,选择人数最多的是家中无人参加生育保险,达到 647 人,占比为 61.5%。排第二和第三的分别是家中有 1 人和 2 人参加了生育保险,分别是 193 人和 145 人,占比为 18.3% 和 13.8%。

（6）长期护理保险

关于家中参加长期护理保险的成员情况,调查结果显示,选择人数最多的是家中无人参加长期护理保险,达到 866 人,占被调查总人数的比例为 82.3%。排第二和第三的分别是家中有 2 人和 1 人参加了长期护理保险,分别是 59 人和 60 人,占比为 5.6% 和 5.7%。

被调查者中家庭成员参加社会保险的基本情况如表 3-24 所示。

表 3-24　参加社会保险的家庭成员情况

家庭成员参保人数	家庭有一个以及上家庭成员参保人数	家庭参保人数占比%	家庭未参保人数	家庭未参保人数占比%
养老保险	867	82.4%	185	17.6%
医疗保险	992	94.3%	60	5.7%
失业保险	465	44.1%	587	55.9%
工伤保险	528	50.2%	524	49.8%
生育保险	405	38.5%	647	61.5%
长期护理保险	186	17.7%	866	82.3%

第四章

家庭跃迁视域下我国相对贫困
识别与测量指标体系和模型构建

第一节　多维相对贫困识别与测量指标
体系和模型构建的必要性

2019 年 10 月,党的十九届四中全会指出,要坚决打赢脱贫攻坚战,巩固脱贫攻坚成果,建立解决相对贫困的长效机制。2020 年以后,我国从根本上消除绝对贫困,进入后脱贫时代。后脱贫时代的基本特征是相对贫困。与绝对贫困不同的是,相对贫困是我国在全面解决温饱,进入全面小康新时代面临的一个新的现实问题。

对于相对贫困,国内外学者认为,与绝对贫困的"单维度"界定不同,可以从多个维度进行界定。从彼得·汤森、阿玛蒂亚·森、Strobel 等学者到世界银行、联合国开发计划署(UNDP)等机构,均提出构建多维贫困指数。多维贫困指数包括多个维度,如教育、健康、营养、居住条件和社会排斥等。

由于我国经济社会发展水平的限制,国内学者长期以来主要关注绝对贫困。在构建全面的指标体系、进行深入系统的调查分析,开展相对贫困识别和测量方面需要及时补充研究成果。国内对相对贫困的测量大多还停留在收入单一维度,并未考虑相对贫困人口的发展机会和能力提升;缺乏构建和优化多维相对贫困评价指标体系的研究成果。

在此背景下,本研究基于 AF 双临界值法,结合中国实践对指标体系和模型构建进行本土化修正,进一步开展深度访谈和问卷调查,分析我国相对贫困的识别和测度,为我国后扶贫时代建立解决相对贫困的长效机制提供政策建议。

第二节　基于双临界值方法的模型构建

一、AF 双临界值方法介绍

2007 年,牛津贫困与人类发展中心(OPHI)学者 Sabina Alkire 和 James Foster 创立了 AF 双临界值方法。此后,AF 双临界值方法在国际范围内得到广泛使用。根据 AF 双临界值方法,多维相对贫困指标可以是离散型定性数据,也可以是连续型定量数据。该方法制定了一个较有弹性的宽松框架,其指标体系可以由研究者根据当地情况进行本土化设置。对于相对贫困的界定,可以设置适合本国的维度、双临界值,以及本土化的各维度权重等。

AF 双临界值方法的优点是具有宽松的框架,可以由研究者进行本土化修正。其缺点是并没有具体的指标体系可供遵循,需要后续研究者根据本国国情,构建符合本国实际的指标体系。本研究对相对贫困进行了实证调查,根据我国国情对模型进行修正。

二、模型修正及其变量释义

(一) 多维相对贫困指标体系的构建依据

关于相对贫困与绝对贫困的逻辑关系,其相同点都是处于贫困状态,相对于社会公认标准有一定的欠缺。然而,相对贫困不同于绝对贫困,在很多方面有着本质区别。首先,从内涵来看,绝对贫困是一种生存性贫困,考虑的主要是马斯洛需要层次中的生理需要,计算标准包含吃饭、穿衣和水电煤的费用。相对贫困是一种发展型贫困,其计算标准包括生理需要、安全需要、社会交往需要、尊重需要和自我价值实现需要等。其次,绝对贫困的标准是"实现两不愁、三保障",而相对贫困的标准是"全面发展"。再次,绝对贫困的特点是绝对性和不平等性,相对贫困的特点则有相对性、脆弱性、匮乏性、受阻性、相对不平等性、社会公认性,其标准随着社会发展而发展。绝对贫困的救助内容方面主要关注收入,忽略能力帮扶,且救助手段千篇一律;相对贫困的帮扶内容更关注提升生活水平的能力、家庭和人的全面发展、帮扶措施的长效性等,帮扶方式倾向于量身定制,一户一策。

梳理全世界关于相对贫困的研究成果,可以发现,各国学者和有关部门在界定相对贫困的内涵时,虽然各有侧重,但不外乎几种观点。一是以联合国和世界银行为代表的"人类发展指数"等确定的"收入、健康和教育"三大指标体系。联合国制定的"多维贫困指数"中则包含健康、教育、居住环境三大维度18个指标。二是以汤森等学者为代表的"收入、资源、能力、发展机会和社会保障"等五大指标体系。三是在社会实践中,欧盟国家确定的"吃得好、住得好、穿得好、拥有车辆"等作为相对贫困和富裕的划分标准体系。墨西哥等国家考虑的维度有收入、教育和就业等维度。学术界的代表性观点有:Booysen等认为可以建立资产指数。我国学者王小林认为,可以建立经济维度、社会发展维度和生态环境维度等3个维度。刘愿理指出,可以建立物质资源、经济条件、可行能力、发展机会和社会保障5个维度。

综合联合国、世界银行提出的多维贫困指数、人类发展指数,以及墨西哥等国家提出的衡量指标体系,本研究选取30位专家进行深入访谈,并从理论上进行分析,确立一级指标体系;在一级指标的基础上,建立了21个二级指标。

（二）多维相对贫困指标体系修正的原则

1. 系统性原则

指标体系设计要遵循的首要原则是系统性原则。根据系统论,世界上所有的事物组成一个有机系统。我们要从系统和整体的角度来看待各个要素之间的关系,要把握系统整体,避免将系统分割开来。

一个完整的系统包括四个方面的含义:第一,系统具有整体性;第二,系统具有层次性;第三,各要素之间具有相关性;第四,系统随着时间的变化而变化,具有动态性。因此,在指标体系设计时,要从系统角度出发,考虑指标的整体性,全面考察衡量相对贫困的所有指标。同时,要考虑相对贫困指标之间的相关性和层次性。在一级指标之下设置二级指标。最后,随着时代的发展,相对贫困指标体系可能发生变化,需要及时进行调整。

2. 全面性原则

全面性原则是指在设置相对贫困指标体系时,要从各个方面全面考虑。只有把相对贫困放在整个社会系统中进行考虑,全面考量相对贫困程度,才不会漏掉任何一个内容,才能真正实现系统均衡和动态均衡。

3. 科学性原则

科学性原则是指相对贫困指标体系设计要以科学发展观为指导,要遵循科学规律,不能违背自然规律和社会发展规律。要做到遵循科学性原则,需要做到以下四个方面:一是掌握全面准确的信息,通过深入调查研究,了解相对贫困所包含的内容;二是进行科学正确的预测,预计可能的后果;三是充分论证和恰当分析;四是设计全面准确的指标体系,既不重复设置非必要的指标,也不遗漏必要的指标。

4. 可操作性原则

可操作性原则是指相对贫困指标体系的设置要考虑指标测量的可操作性。对于一些不具备操作性的指标,需要进行转化,用可操作的相似指标进行替代。指标体系最终需要全部进行量化计算,以算出最终综合值,故各个指标需要进行赋值,对绝对值要进行标准化处理。这些转换和测算都需要遵循可操作化原则，以便进行统一的计算和测量。

5. 动态性原则

相对贫困不是一成不变的，而是一个动态的均衡过程。首先，当身体和心理状况发生变化时，相对贫困情况也会发生相应的变化。其次，当宏观经济环境变化时，可以根据实际的经济社会情况对标准和手段进行调整。最后，当中观层面的情况发生变化时，对相对贫困的识别和程度衡量均应进行符合当时实际情况的动态调整。

三、多维相对贫困指标体系修正过程

本研究课题组选取了 30 位国内相对贫困研究方面的专家学者、政府部门工作者和社会各界实务人员等，进行一对一的访谈，以获取比较具有一致性的意见，设置相对贫困指标体系。

访谈对象的分布如表 4-1 所示。

表 4-1　访谈对象的分布

访谈对象代号	人数（人）	访谈对象职业	访谈时间
A、B、C、D、E、F、G、H、I	9	高校教师	2020 年 6 月—8 月
J、K、L、M、N、O	6	民政部门管理者	2020 年 6 月—8 月
P、Q、R、S、T	5	社会组织管理人员	2020 年 6 月—8 月
U、V、W、X、Y、Z	6	相对贫困家庭	2020 年 6 月—8 月
AA、BB、CC、DD	4	社区工作人员	2020 年 6 月—8 月

（一）一级指标体系的确定

关于多维相对贫困识别和衡量的一级指标，30 位访谈专家具有不同的意见。首先，专家们对一级指标的数量提出了不同意见。有的专家认为设立 3 个一级指标，有的专家主张设立 4 个一级指标，有的专家建议 5 个一级指标。有的专家认为，设立 7 个一级指标最为合适。

从联合国规定的人类发展指数来看,我认为,我们设立3个一级指标比较合适。人类发展指数的3个一级指标分别是健康、教育和收入。这三个是人类生活最基本的要素。

访谈对象:C区民政局J,访谈时间:2020年7月24日

我认为社会保障指标也很重要。虽然不如教育、健康和收入那么重要,但是如果一个家庭有社会保障,或者说社会保险,那基本上也就脱离了贫困,有了安全保障。安全保障是马斯洛需要层次理论的第二个层次。

访谈对象:高校教师A,访谈时间:2020年6月15日

我认为心理和认知也很重要。但是心理问题好像属于健康,就是精神健康。所以可以把认知单列。社会支持也可以算一个一级指标。我们对相对贫困的帮扶就是要提高社会支持,给予贫困家庭更多的社会支持,例如,社会工作者介入,企业资源的介入等等。

访谈对象:社会组织工作人员P,访谈时间:2020年7月3日

就业单列一个指标吧。就业的家庭就有可持续发展的能力。如果一个家庭没有就业人员,这个家庭就永远没法摆脱贫困。所以我认为可以单列就业为一个一级指标。

访谈对象:社区工作人员AA,访谈时间:2020年6月20日

综合被调查专家的意见,课题组经过三次腾讯视频会议商讨,最终确定了一级指标体系,包括经济、生活、健康、教育、就业、认知和支持、社会保障(图4-1)。

图4-1 多维相对贫困一级指标体系

(二) 二级指标体系的确定

1. 经济维度二级指标的确定

关于经济维度,被调查专家表示,可以考虑收入、资产和消费。收入是我国一贯使用的贫困衡量指标。消费是国际上的通用指标。对于资产要不要列为二级指标,专家意见有分歧。

我认为,资产这个指标有一定的衡量难度。最好不要使用。此外,有时候一个家庭有资产,例如房产啊,车子啊,但有时候突发变故,导致贫困,这个时候要不要去衡量资产呢? 建议考虑多少资产以下的家庭才可以纳入相对贫困家庭范围,但不要把资产列为相对贫困的衡量指标。

访谈对象:相对贫困家庭 U,访谈时间:2020 年 6 月 18 日

综合被调查者的意见,经济维度包括 2 个指标,考虑收入和刚性消费及其大小比较。一是家庭人均可支配收入低于社会人均可支配收入中位数的 40%。国际上的标准一般是家庭人均可支配收入低于社会人均可支配收入中位数的 50%—60%。结合我国作为发展中国家的实际情况,本研究建议先定为 40%,随着经济社会的发展再逐步提高标准。二是家庭刚性支出(基于家庭运行标准)除以家庭收入的比值大于 1。

2. 生活维度二级指标的确定

生活维度主要考虑住房情况,包括 3 个二级指标:家庭人均住房建筑面积在 15 平方米以下;家庭没有独立卫生间;家庭没有独立厨房。

我认为,生活维度非常重要,主要考察家庭的居住情况。例如,一个家庭的房子没有独立的卫生间和厨房,即使家庭收入超过相对贫困线,我觉得也可以单独进行房子居住条件改造。

访谈对象:高校教师 B,访谈时间:2020 年 6 月 29 日

3. 健康维度二级指标的确定

综合被调查者的意见,健康维度包括 3 个二级指标,分别是:家庭有成员有一种及以上大病;家庭成员有肢体、智力、听力、视力或者多重残疾;家庭成员有精神或心理疾病。

我认为,精神或者心理疾病可以纳入健康维度来进行衡量。大病、慢性病和残疾都作为健康维度的二级指标。这样,健康维度的衡量就比较全面,可以形成完整的体系。

访谈对象:民政部门管理者 K,访谈时间:2020 年 7 月 2 日

4. 教育维度二级指标的确定

综合被调查者的意见,教育维度主要考虑子女受教育情况。以九年义务教育为主,有条件的逐步提高到 12 年教育,考虑学习中断或者学习困难,故设置 2 个二级指标:家中有 18 岁以下子女义务教育阶段辍学;家中有 18 岁以下子女学习困难需要社会力量提供免费辅导。

我认为,家中有 18 岁以下子女学习困难需要社会力量提供免费辅导这个指标设置很有必要。一个家庭有一个孩子得到教育方面的扶持,就可以使这个家庭有希望脱贫。家中有 18 岁以下子女义务教育阶段辍学,这个指标在我国发生概率不是很大。但我们可以把它列为一个二级指标。

访谈对象:社会组织管理人员 Q,访谈时间:2020 年 7 月 4 日

5. 就业维度二级指标的确定

综合被调查者的意见,就业维度从能力方面进行考虑,分别设置家庭劳动力没有职业技能证书和家庭健康劳动力有人没就业这 2 个二级指标。

我觉得,就业维度看两个情况,一是有没有就业,二是就业能力如

何,具体表现在有没有职业技能证书,或者职业技能证书的等级。当然,等级比较难确定,可以只考虑有没有职业技能证书。

访谈对象:民政部门管理者 P,访谈时间:2020 年 7 月 10 日

6. 认知和支持维度二级指标的确定

综合被调查者的意见,认知和支持维度主要从相对贫困群体的思想认知和面临的社会排斥或者社会支持来考虑,包括家庭成员存在"等靠要"思想和家庭的社会支持缺乏这 2 个二级指标。

认知和支持本来是两个不同的概念,但因为单独做两个维度的研究太多,我建议放在一起。一方面是家庭本身的认知情况:有没有"等靠要"的思想? 另一方面是指有没有社工介入,有没有社区给予的社会资本。

访谈对象:高校教师 C,访谈时间:2020 年 6 月 29 日

7. 社会保障维度二级指标的确定

综合被调查者的意见,社会保障维度主要考虑社会保险的参加情况,这个指标体现了一个家庭能否满足马斯洛需要层次理论中的安全需要,是一个家庭能否得到保障的体现。6 个二级指标分别为:成年劳动力有人未参加养老保险、全家有一个以上未参加医疗保险、成年劳动力有人未参加失业保险、成年劳动力有人未参加工伤保险、成年劳动力有人未参加生育保险和家庭有老年人未参加长期护理保险。

我认为,我国六大社会保险制度都可以列入二级指标,包括养老保险、医疗保险、失业保险、工伤保险、生育保险和长期护理保险。社会保险制度虽然和相对贫困不是特别直接的关系,但是,一个家庭有社会保险制度的保护,就满足了马斯洛需要层次中所说的"安全需要",家庭就有了保障。所以,我主张把社会保障作为一个一级指标,形成单独的相对贫困维度。

访谈对象:高校教师 D,访谈时间:2020 年 6 月 30 日

最后,综合被调查专家的意见,形成了 7 个维度、21 个二级指标的相对贫困衡量指标体系,为构建模型打下了扎实的基础。

本研究设置了双临界值,即最大值和最小值。当一个家庭的某一个二级指标值处于双临界值范围内,就可以被纳入相对贫困帮扶体系,得到对应维度的帮扶,以便其增强能力,最终达到脱贫目的。当一个家庭有 n 个维度中的指标落入双临界值范围内,则该家庭被界定为 n 维相对贫困家庭,将得到 n 个维度的综合性帮扶。n 的取值范围是 1 到 7,最小值为 1,最大值为 7。当 n 为 0 时,表明该家庭不再属于相对贫困群体,已经进入富裕阶层,稳定收入水平大于社会公认的相对贫困标准,且家庭自身具备足够提升生活水平的能力。

相对贫困衡量指标体系如表 4-2 所示。

表 4-2 双临界值模型指标体系构建及其赋值

一级指标	二级指标及其含义	指标赋值	双临界值
经济 RP_1	家庭人均可支配收入低于社会人均可支配收入中位数的 40% RP_{11}	是=1,否=0	最低:0 元;最高:社会人均可支配收入中位数的 40%
	家庭刚性支出(基于家庭运行标准)除以家庭收入大于 1 RP_{12}	是=1,否=0	最低:0 元;最高:无穷大
生活 RP_2	家庭人均住房建筑面积在 15 平方米以下 RP_{21}	是=1,否=0	最低:0 平米;最高:人均 15 平米
	家庭没有独立卫生间 RP_{22}	是=1,否=0	最低:0 个;最高:1 个
	家庭没有独立厨房 RP_{23}	是=1,否=0	最低:0 个;最高:1 个
健康 RP_3	家庭有成员有一种及以上大病 RP_{31}	是=1,否=0	最低:0 人;最高:n 个人
	家庭成员有肢体、智力、听力、视力或者多重残疾 RP_{32}	是=1,否=0	最低:0 人;最高:n 个人
	家庭成员有精神或心理疾病需要治疗 RP_{33}	是=1,否=0	最低:0 人;最高:n 个人
	家庭有老人需要长期照护 RP_{34}	是=1,否=0	最低:0 人;最高:n 个人
教育 RP_4	家中有 18 岁以下子女学习困难需要社会力量提供免费辅导 RP_{41}	是=1,否=0	最低:0 人;最高:n 个人
	家中有 18 岁以下子女义务教育阶段辍学 RP_{42}	是=1,否=0	最低:0 人;最高:n 个人

一级指标	二级指标及其含义	指标赋值	双临界值
就业 RP_5	家庭劳动力没有职业技能证书 RP_{51}	是＝1,否＝0	最低:0人;最高:n个人
	家庭健康劳动力有人没就业 RP_{52}	是＝1,否＝0	最低:0人;最高:n个人
认知和支持 RP_6	家庭成员存在"等靠要"思想 RP_{61}	是＝1,否＝0	最低:0人;最高:n个人
	家庭的社会支持缺乏 RP_{62}	是＝1,否＝0	最低:无支持;最高:支持多
社会保障 RP_7	成年劳动力有人未参加养老保险 RP_{71}	是＝1,否＝0	最低:0人;最高:n个人
	全家有一个以上未参加医疗保险 RP_{72}	是＝1,否＝0	最低:0人;最高:n个人
	成年劳动力有人未参加失业保险 RP_{73}	是＝1,否＝0	最低:0人;最高:n个人
	成年劳动力有人未参加工伤保险 RP_{74}	是＝1,否＝0	最低:0人;最高:n个人
	成年劳动力有人未参加生育保险 RP_{75}	是＝1,否＝0	最低:0人;最高:n个人
	家庭有老年人未参加长期护理保险 RP_{76}	是＝1,否＝0	最低:0人;最高:n个人

四、多维相对贫困模型构建

（一）多维相对贫困指数下各维度指标的测度

1. 数据矩阵 Y

数据矩阵 Y 是家庭的指标信息矩阵,是一个 $n \times 21$ 的矩阵。其中,n 代表家庭的数量。21 代表本研究设计识别和衡量相对贫困的 21 个二级指标。数据矩阵 Y 维度如公式 1 所示:

$$Y = \begin{pmatrix} Y_{11} & \cdots & Y_{1\ 21} \\ \vdots & \ddots & \vdots \\ Y_{n1} & \cdots & Y_{n\ 21} \end{pmatrix} \tag{1}$$

将实证调查获得的家庭样本的家庭情况数据输入系统，即可以获得数据矩阵。数据矩阵 Y 的构造如表 4-3 所示。

表 4-3　数据矩阵 Y 及其指标体系排列

家庭序号/指标	经济 RP_1		生活 RP_2			健康 RP_3				教育 RP_4	
	RP_{11}	RP_{12}	RP_{21}	RP_{22}	RP_{23}	RP_{31}	RP_{32}	RP_{33}	RP_{34}	RP_{41}	RP_{42}
1	RP_{111}	RP_{121}	RP_{211}	RP_{221}	RP_{231}	RP_{311}	RP_{321}	RP_{331}	RP_{341}	RP_{411}	RP_{421}
2	RP_{112}	RP_{122}	RP_{212}	RP_{222}	RP_{232}	RP_{312}	RP_{322}	RP_{332}	RP_{342}	RP_{412}	RP_{422}
……	……	……	……	……	……	……	……	……	……	……	……
n	RP_{11n}	RP_{12n}	RP_{21n}	RP_{22n}	RP_{23n}	RP_{31n}	RP_{32n}	RP_{33n}	RP_{34n}	RP_{41n}	RP_{42n}

家庭序号/指标	就业 RP_5		认知和支持 RP_6		社会保障 RP_7					
	RP_{51}	RP_{52}	RP_{61}	RP_{62}	RP_{71}	RP_{72}	RP_{73}	RP_{74}	RP_{75}	RP_{76}
1	RP_{511}	RP_{521}	RP_{611}	RP_{621}	RP_{711}	RP_{721}	RP_{731}	RP_{741}	RP_{751}	RP_{761}
2	RP_{512}	RP_{522}	RP_{612}	RP_{622}	RP_{712}	RP_{722}	RP_{732}	RP_{742}	RP_{752}	RP_{762}
……	……	……	……	……	……	……	……	……	……	……
n	RP_{51n}	RP_{52n}	RP_{61n}	RP_{62n}	RP_{71n}	RP_{72n}	RP_{73n}	RP_{74n}	RP_{75n}	RP_{76n}

2. 贫困双临界值 M

贫困双临界值 M 是指识别一个家庭是否处于贫困状态的两个边界。当一个家庭的某一个维度值处于贫困双临界值 M 的范围内，则这个家庭属于此维度的相对贫困家庭。当一个家庭该维度的值超出贫困双临界值 M 时，该家庭不再属于该维度的相对贫困家庭。例如，一个家庭人均可支配收入低于社会人均可支配收入中位数的 40% 时，该家庭即为经济维度的相对贫困家庭。当该家庭人均可支配收入大于等于社会人均可支配收入中位数的 40% 时，说明该家庭脱离经济贫困。贫困双临界值 M 包括 21 个二级指标，只要有一个二级指标属于相对贫困范畴内，则认为该指标所属的维度为相对贫困维度。如果一个家庭有 k 个维度处于贫困双临界值内，则该家庭属于 k 维相对贫困家庭。用公式表示为：

$$RP_k \in M_k \quad (1 \leqslant k \leqslant 7) \tag{2}$$

3. 剥夺指标 C 和剥夺矩阵 G

对于贫困双临界值 M，当某个二级指标落入该临界值范围内，则认为该家庭的这个二级指标被剥夺，该二级指标被称为剥夺指标 C。剥夺指标最低为 0 个，最多为 21 个。

确定被剥夺的指标后，本研究将该家庭被剥夺的指标体系汇总，形成剥夺矩阵 G。剥夺矩阵 G 是一个 $n \times z$ 的矩阵。其中，z 大于等于 1，小于或等于 21。

4. 非剥夺矩阵 Q

在数据矩阵中，对相对贫困家庭的剥夺矩阵进行归零处理，获得非剥夺矩阵 Q。该矩阵代表贫困家庭在该矩阵中的指标未表现出贫困特质，指标值处于贫困临界值 M 之外。非剥夺矩阵数据暂时不参与帮扶方案的制订，可以作为后续关注数据。

5. 家庭相对贫困维度数量 k

对于一个家庭来说，只要符合其中的一个二级指标的相对贫困双临界值阈值，就可以认定为相对贫困家庭。但是，各个相对贫困家庭的贫困维度数量并不相同。贫困维度 k 最低为 1 个，最多为 7 个，取值为 $1 \leqslant k \leqslant 7$。

6. 家庭贫困程度 z

当该家庭的剥夺指标为零时，说明该家庭已经脱离相对贫困，进入富裕阶层。剥夺指标的数量 z 越多，说明该家庭缺失越多，需要得到的救助和帮扶越多。

$$1 \leqslant z \leqslant 21 \tag{3}$$

7. 多维贫困发生率 H

多维贫困发生率是指一个地区或者一个国家的相对贫困家庭占所有家庭的比例。其中，q 表示当地的多维贫困家庭数量，n 表示当地的家庭总数量。

$$H = \frac{q}{n} \tag{4}$$

8. 平均剥夺率 A

平均剥夺率 A 是指在贫困双临界值 M 的情况下，个体家庭 i 平均被剥夺的指标数量。q 表示当地的多维贫困家庭数量，n 表示当地的家庭总数量。$C_i(M)$ 是指第 i 个家庭被剥夺的二级指标的数量。$\sum_{i=1}^{n} C_i(M)$ 是指当地所有家庭被剥夺的二级指标的加总。

$$A = \frac{\sum_{i=1}^{n} C_i(M)}{q} \tag{5}$$

9. 指标贡献度 V

指标贡献度是指当地被剥夺的某二级指标的加总数除以多维贫困指数，也即何种指标是最常见的相对贫困指标。其中，W_i 是第 i 指标的权重，W_i 可以等于1，也可以根据一定的方法设置不同的权重。CH_i 是第 i 指标被剥夺的家庭率，即第 i 指标被剥夺的家庭数量除以总的家庭数量 n。

$$V = \frac{W_i CH_i}{MPI} \tag{6}$$

10. 多维贫困指数 MPI

多维贫困指数 MPI 是对一个地区贫困状况的综合评价，即当地的贫困发生率乘以平均剥夺率，代表当地的相对贫困程度。

$$MPI = H \times A \tag{7}$$

11. 区域相对贫困人口对总 MPI 的贡献度

区域相对贫困人口对总 MPI 的贡献度主要用于全国各地的横向比较。其中，n_i 表示被选取的某个区域，n 表示选取的总区域数量。

$$区域相对贫困人口对总 MPI 的贡献度 = \frac{\frac{n_i}{n} \times MPI_i}{MPI} \times 100 \tag{8}$$

多维相对贫困指数下各维度的测度指标及其含义如表 4 - 4 所示。

表 4-4　多维相对贫困指数下各维度的测度指标及其含义

数据矩阵 Y	家庭的指标信息矩阵,是一个 $n \times 21$ 的矩阵。其中,n 代表家庭的数量。21 代表本研究设计的识别和衡量相对贫困的 21 个二级指标。
贫困双临界值 M	指识别一个家庭是否处于贫困状态的两个边界。
剥夺指标 C 和剥夺矩阵 G	当某个二级指标落入贫困双临界值 M 范围内,该家庭的这个二级指标即为剥夺指标。本研究将该家庭被剥夺的指标体系汇总,形成剥夺矩阵 G。
非剥夺矩阵 Q	在数据矩阵中,对贫困家庭的剥夺矩阵进行归零处理,获得非剥夺矩阵。
家庭相对贫困维度数量 k	指某家庭处于相对贫困双临界值 M 范围内的维度数量。k 取值为 $1 \leqslant k \leqslant 7$。
家庭贫困程度 z	剥夺指标的数量 z 越多,说明该家庭缺失越多($1 \leqslant z \leqslant 21$)。
多维贫困发生率 H	一个地区或者一个国家的相对贫困家庭占所有家庭的比例。
平均剥夺率 A	在贫困双临界值 M 的情况下,个体家庭 i 平均被剥夺的指标数量。
指标贡献度 V	当地被剥夺的某二级指标的加总数除以多维贫困指数。
多维贫困指数 MPI	当地的贫困发生率乘以平均剥夺率,代表当地的相对贫困程度。
区域相对贫困人口对总 MPI 的贡献度	当地 MPI 占被统计的总区域 MPI 的比例。

(二) 多维相对贫困评估流程

首先,构建数据矩阵。对于 n 个家庭,本研究设置 7 个一级指标,21 个二级指标。因此,可以构建一个 $n \times 21$ 的数据矩阵,将被评估者的家庭数据录入矩阵,即可以得到该被评估者的贫困状况数据矩阵。其次,根据录入的数据矩阵对被评估者进行相对贫困识别。对于 21 个二级指标,当选择"是"时,得 1 分;选择"否"时,得 0 分。选择"是"的二级指标加总,得到剥夺指标 N。对于该家庭处于相对贫困双临界值 M 范围内的维度数量加总,得到相对贫困维度数量 k,其取值为 $1 \leqslant k \leqslant 7$。

剥夺指标数量 N 越大,或者贫困维度 k 越大,表示该家庭陷入贫困的方面越多,越需要得到多个方面的救助和帮扶。当总得分为 0 时,表示脱离贫困,进入富裕阶层。因此,可以根据得分对家庭进行贫困与否的识别,根据被评估者的得分,将被评估者评估为相对贫困者和非相对贫困者;进行相对贫困程度的衡量,得出被评估者的贫困程度。最后,计

算多维贫困发生率 H、平均剥夺率 A、指标贡献度 V 和多维贫困指数 MPI 等综合性微观和宏观的相对贫困指标体系。评估流程如图 4 - 2 所示。

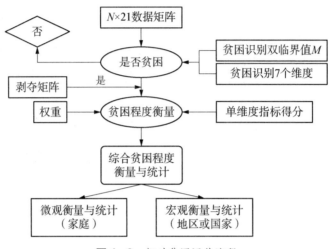

图 4 - 2 相对贫困评估流程

第五章
家庭跃迁视域下我国相对贫困
识别和测量实证分析

第一节　多维相对贫困识别和测量的实证分析

一、多维相对贫困识别实证分析

（一）数据来源

　　本研究在 2020 年 6 月到 8 月对抽取的上海市、浙江省、湖南省和贵州省等 7 个省份中各随机抽取 2 个县市，在每个县市随机抽取 2 个社区，合计抽取 1500 个相对贫困家庭的样本进行抽样调查，剔除没有指标被剥夺的家庭，取得 1052 份有效问卷。课题组编制了一套包含 7 个一级指标和 21 个二级指标的相对贫困识别和测量的指标体系。课题组通过实地调查和问卷星两种方式收集相对贫困人口家庭数据，并输入 Excel 中，形成数据矩阵，通过 SPSS 25.0 进行家庭相对贫困状况统计分析。

（二）样本描述

　　对样本进行描述性统计分析，可以发现，我国相对贫困家庭在 7 个维度方面存在不同数量的贫困维度。本研究将我国 2019 年社会可支配收入中位数的 40% 作为我国相对贫困经济维度的人均可支配收入临界值,即家庭人均可支配收入每月处于零到社会可支配收入中位数 40% 之间的均可纳入相对贫困家庭的范畴。根据我国实际情况,家庭住房面积设定的双临界值为人均建筑面积零到 15 平方米。

(三) 统计结果分析

1. 二级指标被剥夺总体情况

从被剥夺指标来看,各个相对贫困家庭被剥夺的指标数量各不相同,但呈现出大致的正态分布。极小值为 1,极大值为 17。剥夺指标数为 1 个到 17 个。从二级指标被剥夺个数来看,均值是 6.06,中位数是 6,众数是 4。这说明,贫困家庭的二级指标被剥夺数量平均达到 6 个。但最多的情况是,贫困家庭有 4 个二级指标被剥夺。根据测算,被调查的家庭剥夺指标总数为 6376 个,样本家庭总指标有 22092 个,平均剥夺率为 28.86%。如表 5-1 所示。

表 5-1　二级指标被剥夺个数统计情况

N	1052
均值	6.06
中位数	6.00
众数	4
标准差	3.063
极小值	1
极大值	17
总被剥夺个数	6376
样本×21 个指标	22092
被剥夺率	28.86%

从二级指标被剥夺个数的数量分布情况来看,被剥夺数量为 4 个的家庭数量最多,达到 155 个家庭,占被调查家庭总数的 14.7%。排第二到第五的分别是 5 个、6 个、3 个和 7 个剥夺指标,如表 5-2 所示。

表5-2　二级指标被剥夺个数分布情况

二级指标被剥夺数量(个)	家庭数量(户)	百分比(%)	二级指标被剥夺数量(个)	家庭数量(户)	百分比(%)
0	2	0.2	10	39	3.7
1	25	2.4	11	51	4.8
2	79	7.5	12	27	2.6
3	118	11.2	13	20	1.9
4	155	14.7	14	8	0.8
5	134	12.7	15	5	0.5
6	131	12.5	16	2	0.2
7	108	10.3	17	1	0.1
8	87	8.3	合计	1 052	100.0
9	60	5.7			

　　从二级指标被剥夺个数的散点图可以看出,分布最密的个数主要在3—7个二级剥夺指标。0个二级剥夺指标和17个剥夺指标的情况比较少见,呈现出橄榄形的分布状态。由调查结果可知,相对贫困家庭的剥夺指标一般都不止一个,在经济收入较低的情况下,可能还会存在其他方面的贫困,例如:老人自理能力不足,需要长期照护;子女需要接受教育,教育支出过多;或者存在"等靠要"的思想,或者家庭劳动力就业技能缺乏,家庭有健康劳动力处于未就业状态,无法为家庭挣到足够的收入,等等。如图5-1所示。

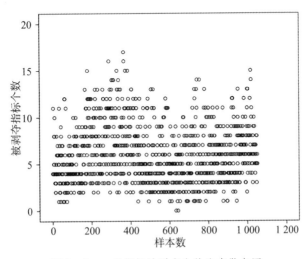

图5-1　二级指标被剥夺个数分布散点图

2. 单个二级指标被剥夺情况

（1）人均可支配收入指标被剥夺情况

从人均可支配收入指标被剥夺情况来看，被剥夺的家庭达到 489户，占被调查家庭总数的 46.5%；未被剥夺的家庭数量为 563 户，占53.5%（表5-3）。

表5-3　人均可支配收入指标被剥夺情况

	频数(户)	百分比(%)
剥夺	489	46.5
否	563	53.5
合计	1052	100.0

（2）刚性支出指标被剥夺情况

从刚性支出指标被剥夺情况来看，被剥夺的家庭达到 96 户，占被调查家庭总数的 9.1%；未被剥夺的家庭数量为 956 户，占 90.9%（表5-4）。

表5-4　刚性支出指标被剥夺情况

	频数(户)	百分比(%)
剥夺	96	9.1
否	956	90.9
合计	1052	100.0

（3）人均住房面积指标被剥夺情况

从人均住房面积指标被剥夺情况来看，被剥夺的家庭达到 215 户，占被调查家庭总数的 20.4%；未被剥夺的家庭数量为 837 户，占 79.6%（表5-5）。

表5-5　人均住房面积指标被剥夺情况

	频数(户)	百分比(%)
剥夺	215	20.4
否	837	79.6
合计	1052	100

（4）独立卫生间指标被剥夺情况

从独立卫生间指标被剥夺情况来看，被剥夺的家庭达到 89 户，占被调查家庭总数的 8.5%；未被剥夺的家庭数量为 963 户，占 91.5%（表 5-6）。

表 5-6　独立卫生间指标被剥夺情况

	频数（户）	百分比（%）
剥夺	89	8.5
否	963	91.5
合计	1 052	100

（5）独立厨房指标被剥夺情况

从独立厨房指标被剥夺情况来看，被剥夺的家庭达到 78 户，占被调查家庭总数的 7.4%；未被剥夺的家庭数量为 974 户，占 92.6%（表 5-7）。

表 5-7　独立厨房指标被剥夺情况

	频数（户）	百分比（%）
剥夺	78	7.4
否	974	92.6
合计	1 052	100

（6）重大病指标被剥夺情况

从重大病指标被剥夺情况来看，被剥夺的家庭达到 397 户，占被调查家庭总数的 37.7%；未被剥夺的家庭数量为 655 户，占 62.3%（表 5-8）。

表 5-8　重大病指标被剥夺情况

	频数（户）	百分比（%）
剥夺	397	37.7
否	655	62.3
合计	1 052	100

（7）残疾指标被剥夺情况

从残疾指标被剥夺情况来看,被剥夺的家庭达到 214 户,占被调查家庭总数的 20.3%;未被剥夺的家庭数量为 838 户,占 79.7%(表 5 - 9)。

表 5 - 9　残疾指标被剥夺情况

	频数(户)	百分比(%)
剥夺	214	20.3
否	838	79.7
合计	1 052	100

（8）精神疾病指标被剥夺情况

从精神疾病指标被剥夺情况来看,被剥夺的家庭达到 75 户,占被调查家庭总数的 7.1%;未被剥夺的家庭数量为 977 户,占 92.9%(表 5 - 10)。

表 5 - 10　精神疾病指标被剥夺情况

	频数(户)	百分比(%)
剥夺	75	7.1
否	977	92.9
合计	1 052	100

（9）需长期照护指标被剥夺情况

从需长期照护指标被剥夺情况来看,被剥夺的家庭达到 445 户,占被调查家庭总数的 42.3%;未被剥夺的家庭数量为 607 户,占 57.7%(表 5 - 11)。

表 5 - 11　需长期照护指标被剥夺情况

	频数(户)	百分比(%)
剥夺	445	42.3
否	607	57.7
合计	1 052	100

（10）教育辅导指标被剥夺情况

从教育辅导指标被剥夺情况来看，被剥夺的家庭达到 499 户，占被调查家庭总数的 47.4%；未被剥夺的家庭数量为 553 户，占 52.6%（表5-12）。

表 5-12　教育辅导指标被剥夺情况

	频数（户）	百分比（%）
剥夺	499	47.4
否	553	52.6
合计	1052	100

（11）义务教育阶段辍学指标被剥夺情况

从义务教育阶段辍学指标被剥夺情况来看，被剥夺的家庭有 10 户，占被调查家庭总数的 1%；未被剥夺的家庭数量为 1042 户，占 99%（表5-13）。

表 5-13　义务教育阶段辍学指标被剥夺情况

	频数（户）	百分比（%）
剥夺	10	1
否	1042	99
合计	1052	100

（12）职业技能证书指标被剥夺情况

从职业技能证书指标被剥夺情况来看，被剥夺的家庭达到 788 户，占被调查家庭总数的 74.9%；未被剥夺的家庭数量为 264 户，占 25.1%（表5-14）。

表 5-14　职业技能证书指标被剥夺情况

	频数（户）	百分比（%）
剥夺	788	74.9
否	264	25.1
合计	1052	100

（13）健康劳动力没有正规就业指标被剥夺情况

从健康劳动力没有正规就业指标被剥夺情况来看，被剥夺的家庭达到 313 户，占被调查家庭总数的 29.8%；未被剥夺的家庭数量为 739 户，占 70.2%（表 5 - 15）。

表 5 - 15　健康劳动力没有正规就业指标被剥夺情况

	频数（户）	百分比（%）
剥夺	313	29.8
否	739	70.2
合计	1052	100

（14）自强自信思想指标被剥夺情况

从自强自信思想指标被剥夺情况来看，被剥夺的家庭达到 661 个，占被调查家庭总数的 62.8%；未被剥夺的家庭数量为 391 户，占比为 37.2%（表 5 - 16）。

表 5 - 16　自强自信思想指标被剥夺情况

	频数（户）	百分比（%）
剥夺	661	62.8
否	391	37.2
合计	1052	100

（15）社会支持指标被剥夺情况

从社会支持指标被剥夺情况来看，被剥夺的家庭达到 231 户，占被调查家庭总数的 22%；未被剥夺的家庭数量为 821 户，占比为 78%（表 5 - 17）。

表 5 - 17　社会支持指标被剥夺情况

	频数（户）	百分比（%）
剥夺	231	22
否	821	78
合计	1052	100

（16）参加养老保险指标被剥夺情况

从参加养老保险指标被剥夺情况来看，被剥夺的家庭达到101户，占被调查家庭总数的9.6%；未被剥夺的家庭数量为951户，占比为90.4%（表5-18）。

表5-18 参加养老保险指标被剥夺情况

	频数（户）	百分比（%）
剥夺	101	9.6
否	951	90.4
合计	1052	100

（17）参加医疗保险指标被剥夺情况

从参加医疗保险指标被剥夺情况来看，被剥夺的家庭有30户，占被调查家庭总数的2.9%；未被剥夺的家庭数量为1022户，占比为97.1%（表5-19）。

表5-19 参加医疗保险指标被剥夺情况

	频数（户）	百分比（%）
剥夺	30	2.9
否	1022	97.1
合计	1052	100

（18）参加失业保险指标被剥夺情况

从参加失业保险指标被剥夺情况来看，被剥夺的家庭达到294户，占被调查家庭总数的27.9%；未被剥夺的家庭数量为758户，占比为72.1%（表5-20）。

表5-20 参加失业保险指标被剥夺情况

	频数（户）	百分比（%）
剥夺	294	27.9
否	758	72.1
合计	1052	100

（19）参加工伤保险指标被剥夺情况

从参加工伤保险指标被剥夺情况来看,被剥夺的家庭达到 276 户,占被调查家庭总数的 26.2%;未被剥夺的家庭数量为 776 户,占比为73.8%(表 5-21)。

表 5-21　参加工伤保险指标被剥夺情况

	频数(户)	百分比(%)
剥夺	276	26.2
否	776	73.8
合计	1052	100

（20）参加生育保险指标被剥夺情况

从参加生育保险指标被剥夺情况来看,被剥夺的家庭达到 325 户,占被调查家庭总数的 30.9%;未被剥夺的家庭数量为 727 户,占比为69.1%(表 5-22)。

表 5-22　参加生育保险指标被剥夺情况

	频数(户)	百分比(%)
剥夺	325	30.9
否	727	69.1
合计	1052	100

（21）参加长期护理保险指标被剥夺情况

从参加长期护理保险指标被剥夺情况来看,被剥夺的家庭达到 759 户,占被调查家庭总数的 72.1%;未被剥夺的家庭数量为 293 户,占比为27.9%(表 5-23)。

表 5-23　参加长期护理保险指标被剥夺情况

	频数(户)	百分比(%)
剥夺	759	72.1
否	293	27.9
合计	1052	100

3. 对家庭的相对贫困维度数据统计

（1）相对贫困维度总体情况

调查结果表明，一级指标维度被剥夺个数的均值为 4.08 个，中位数为 4 个，众数为 4 个。标准差为 1.456。极小值为 1，极大值为 7。如表 5 - 24 所示。

表 5 - 24　相对贫困维度总体情况

N	1 052
均值	4.08
均值的标准误	0.045
中位数	4.00
众数	4
标准差	1.456
极小值	1
极大值	7
总计	4 288

从一级指标被剥夺个数的数量分布情况来看，被剥夺数量为 4 个的家庭数量最多，达到 275 个家庭，占被调查家庭总数的 26.1%。排第二到第五的分别是 3 个剥夺指标、5 个剥夺指标、6 个剥夺指标、2 个剥夺指标，如表 5 - 25 所示。

表 5 - 25　一级指标被剥夺个数分布情况

一级指标被剥夺数量（个）	家庭数量（户）	百分比（%）	一级指标被剥夺数量	家庭数量	百分比（%）
1	37	3.5	5	217	20.6
2	112	10.6	6	137	13.0
3	224	21.3	7	50	4.8
4	275	26.1	合计	1 052	100.0

从一级指标被剥夺个数的散点图可以看出，分布最密的个数主要在 2—6 个。1 个一级剥夺指标和 7 个剥夺指标的情况比较少见，呈现出橄榄形的分布状态。由调查结果可知，相对贫困家庭的剥夺指标一般都不

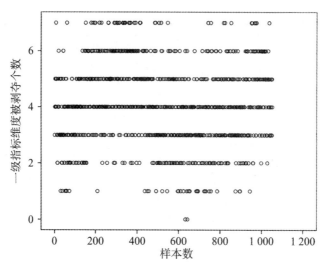

图5-2 一级指标被剥夺个数分布散点图

止一个。如图5-2所示。

（2）经济维度被剥夺情况

从经济维度被剥夺情况来看，被剥夺的家庭达到509个，占被调查家庭总数的48.4%；未被剥夺的家庭数量为543户，占比为51.6%（表5-26）。

表5-26　经济维度被剥夺情况

	频数（户）	百分比（%）
剥夺	509	48.4
否	543	51.6
合计	1052	100

（3）生活维度被剥夺情况

从生活维度被剥夺情况来看，被剥夺的家庭达到265户，占被调查家庭总数的25.2%；未被剥夺的家庭数量为787户，占比为74.8%（表5-27）。

表5-27 生活维度被剥夺情况

	频数(户)	百分比(%)
剥夺	265	25.2
否	787	74.8
合计	1052	100

（4）健康维度被剥夺情况

从健康维度被剥夺情况来看，被剥夺的家庭达到 618 户，占被调查家庭总数的 58.7%；未被剥夺的家庭数量为 434 户，占比为 41.3%（表5-28）。

表5-28 健康维度被剥夺情况

	频数(户)	百分比(%)
剥夺	618	58.7
否	434	41.3
合计	1052	100

（5）教育维度被剥夺情况

从教育维度被剥夺情况来看，被剥夺的家庭达到 504 户，占被调查家庭总数的 47.9%；未被剥夺的家庭数量为 548 户，占比为 52.1%（表5-29）。

表5-29 教育维度被剥夺情况

	频数(户)	百分比(%)
剥夺	504	47.9
否	548	52.1
合计	1052	100

（6）就业维度被剥夺情况

从就业维度被剥夺情况来看，被剥夺的家庭达到 843 户，占被调查家庭总数的 80.1%；未被剥夺的家庭数量为 209 户，占比为 19.9%（表5-30）。

表 5 – 30　就业维度被剥夺情况

	频数(户)	百分比(%)
剥夺	843	80. 1
否	209	19. 9
合计	1 052	100

（7）认知与支持维度被剥夺情况

从认知与支持维度被剥夺情况来看,被剥夺的家庭达到 775 户,占被调查家庭总数的 73.7%;未被剥夺的家庭数量为 277 户,占比为26.3%(表 5 – 31)。

表 5 – 31　认知与支持维度被剥夺情况

	频数(户)	百分比(%)
剥夺	775	73. 7
否	277	26. 3
合计	1 052	100

（8）社会保障维度被剥夺情况

从社会保障维度被剥夺情况来看,被剥夺的家庭达到 774 户,占被调查家庭总数的 73.6%;未被剥夺的家庭数量为 278 户,占比为 26.4%(表 5 – 32)。

表 5 – 32　社会保障维度被剥夺情况

	频数(户)	百分比(%)
剥夺	774	73. 6
否	278	26. 4
合计	1 052	100

7 个维度中,有关每个维度被剥夺数量及其占比,其中,发生率最多的是就业维度,包括未在正规单位就业和未获得劳动技能证书这两种情况。排第二的是认知和支持维度。这说明相对贫困家庭认知有一定的

偏差,或者社会资源缺乏,这两种现象比较普遍。排第三的维度是社会保险。社会保险项下的 6 个保险中,缺少一个就可以算作社会保险维度被剥夺。排第四的是健康维度。生病导致贫困的现象也比较普遍。排第五的是经济,意味着这些家庭人均月收入低于相对贫困标准。统计结果如图 5-3 所示。

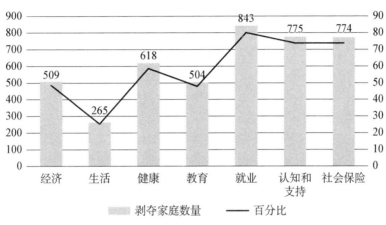

图 5-3 7 个维度被剥夺情况对比图

4. 对 2 个维度被剥夺的家庭的数据统计

对 2 个维度被剥夺的家庭的数据进行统计分析,结果表明,"经济+就业"双维度贫困的家庭占比最大。这也证实了人们的常识:一个相对贫困家庭首先主要是就业能力差,或者因为各种原因无法就业。因此,就业是相对贫困治理中最需要解决的一个问题。排第二和第三的分别是"经济+社会保险"以及"经济+健康",占总家庭数量的比例分别达到 35.4% 和 33%。这一结果也表明,相对贫困治理中,要注重相对贫困群体的社会保险,用保险来满足该群体的"安全需要"。此外,要重视相对贫困群体的健康。身体不健康导致贫困的现象比较普遍。如图 5-4 所示。

5. 对 3 个维度被剥夺的家庭的数据统计

对 3 个维度被剥夺的家庭的数据统计分析结果表明,三维度贫困的家庭最多体现为"经济+教育+就业"。也就是说,经济贫困的家庭,偏

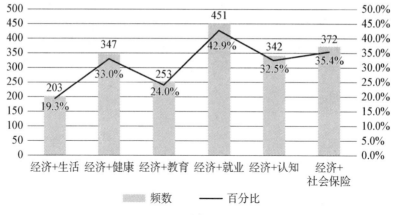

图 5-4 2个维度被剥夺的情况

偏主要劳动力无法获得稳定的就业,没有稳定的收入来源。这类家庭还有正在上学的儿童需要照顾,牵制了父母一方的就业时间或者就业能力。排名第二和第三的是"经济＋就业＋社会保险"以及"经济＋教育＋社会保险"。排名第四的是"经济＋就业＋健康"。这说明相对贫困家庭面临的主要困难还是经济、就业、健康、社会保险等(图 5-5),这些方面被剥夺的概率大,需要政府部门着力解决。

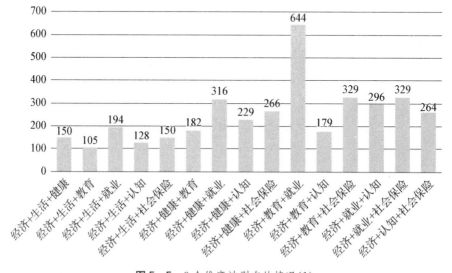

图 5-5 3个维度被剥夺的情况(1)

从占比来看，"经济＋教育＋就业"的占比达到 61.2%。占比在 30% 以上的三维度贫困有"经济＋就业＋社会保险""经济＋教育＋社会保险"和"经济＋就业＋健康"。如图 5-6 所示。

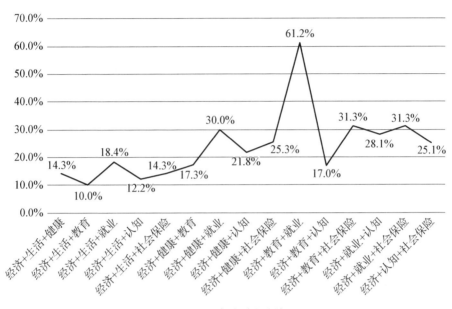

图 5-6 3 个维度被剥夺的情况(2)

6. 对 4 个维度被剥夺的家庭的数据统计

统计结果表明，4 个维度被剥夺的家庭中，"经济＋就业＋认知＋社会保险"被同时剥夺的家庭数量最多，达到 229 个，占被调查家庭总数的 21.8%。排第二和第三的分别是"经济＋教育＋就业＋社会保险"和"经济＋教育＋健康＋就业"，占被调查家庭总数的比例分别为 17.2% 和 16.3%。如图 5-7 所示。

7. 对 5 个维度被剥夺的家庭的数据统计

统计结果表明，5 个维度被剥夺的家庭中，"经济＋健康＋就业＋认知＋社会保险"被同时剥夺的家庭数量最多，达到 169 户，占被调查家庭总数的 16.1%。排第二和第三的分别是"经济＋教育＋生活＋认知＋社会保险"和"经济＋教育＋健康＋就业＋社会保险"，分别占被调查家庭

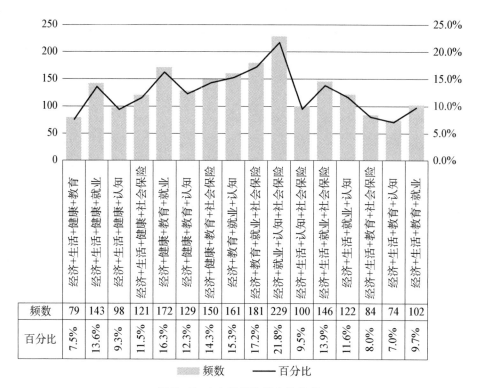

	经济+生活+健康+教育	经济+生活+健康+就业	经济+生活+健康+认知	经济+生活+健康+社会保险	经济+健康+教育+就业	经济+健康+教育+认知	经济+健康+教育+社会保险	经济+教育+就业+认知	经济+教育+就业+社会保险	经济+就业+认知+社会保险	经济+生活+认知+社会保险	经济+生活+就业+认知	经济+生活+教育+社会保险	经济+生活+教育+认知	经济+生活+教育+就业
频数	79	143	98	121	172	129	150	161	181	229	100	146	122	84	74	102
百分比	7.5%	13.6%	9.3%	11.5%	16.3%	12.3%	14.3%	15.3%	17.2%	21.8%	9.5%	13.9%	11.6%	8.0%	7.0%	9.7%

▨▨▨ 频数　——百分比

图 5-7　4 个维度被剥夺的情况

总数的 15.7% 和 13.5%。如图 5-8 所示。

8. 对 6 个维度被剥夺的家庭的数据统计

统计结果表明,6 个维度被剥夺的家庭中,"经济＋健康＋教育＋就业＋认知＋社会保险"被同时剥夺的家庭数量最多,达到 102 户,占被调查家庭总数的 9.7%。排第二和第三的分别是"经济＋生活＋就业＋健康＋认知＋社会保险"和"经济＋健康＋教育＋认知＋就业＋社会保险",占比分别为 7.6% 和 6.3%。如图 5-9 所示。

9. 对家庭相对贫困 7 个维度数据统计

对家庭相对贫困 7 个维度数据进行统计分析,结果表明,7 个维度都被剥夺的家庭数量有 50 户,占被调查家庭总数的 4.80%。至少有一个维度没被剥夺的家庭有 1002 户,占 95.2%。如图 5-10 所示。

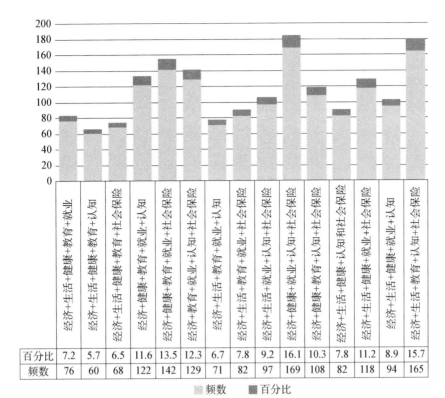

图 5-8　5 个维度被剥夺的情况

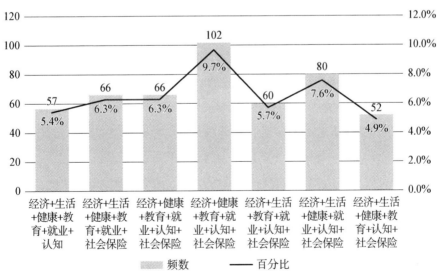

图 5-9　6 个维度被剥夺的情况

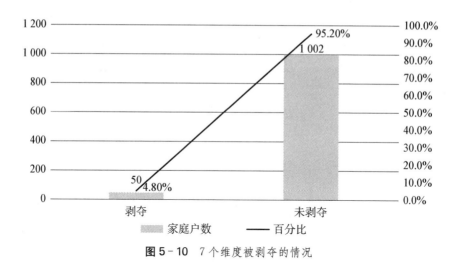

图 5-10 7 个维度被剥夺的情况

二、多维相对贫困程度相关分析

（一）二级指标被剥夺个数的相关分析

关于二级指标被剥夺个数的相关分析发现，被剥夺维度指标个数与共同生活的成员人数、小孩数量、未完成义务教育辍学、小孩需要家庭辅导及陪伴学习等教育支持、家庭人均可支配收入、负债、人均住房面积、是否拥有独立卫生间、是否拥有独立厨房、需要提供长期生活照料的老年人数、患有一种及以上重大疾病或慢性病的家庭成员人数，存在肢体、智力、听力、视力或多重残疾的家庭成员人数，患有精神或心理疾病的家庭成员人数、健康劳动力中正在就业的人数、主要劳动力是否拥有相关职业技能证书、家庭受到过来自社会的物质支持与精神支持、有只求温饱得过且过的生活观、参加养老保险的成员人数、参加医疗保险的成员人数、参加失业保险的成员人数、参加生育保险的成员人数、参加长期护理保险的成员人数等变量均显著相关，其相关系数分别为：0.424、0.311、0.252、0.144、−0.200、−0.085、−0.288、0.256、0.230、0.336、0.380、0.274、0.094、−0.204、0.461、−0.068、−0.303、−0.101、

0.177、−0.272、−0.265、−0.244，其中负号表示被剥夺维度指标个数与该变量之间表现为反向相关性。被剥夺维度指标个数与家庭受到过来自社会的物质支持与精神支持变量在 0.05 水平上显著相关，与其余变量均在 0.01 水平上显著相关（表 5-33）。

表 5-33　二级指标被剥夺个数的影响因素

		共同生活的成员数	小孩数量	未完成义务教育辍学	小孩需要教育支持	家庭人均可支配收入	负债情况
被剥夺维度个数	Pearson 相关性	0.424**	0.311**	0.252**	0.144**	−0.200**	−0.085**
	显著性（双侧）	0	0	0	0	0	0.006
	N	1052	1052	1052	1052	1052	1052
		患有精神或心理疾病的家庭成员人数	健康劳动力中正在就业的人数	主要劳动力拥有相关职业技能证书	家庭受到过物质支持与精神支持	有只求温饱得过且过的生活观	参加养老保险的成员人数
被剥夺维度个数	Pearson 相关性	0.094**	−0.204**	0.461**	−0.068*	−0.303**	−0.101**
	显著性（双侧）	0.002	0	0	0.027	0	0.001
	N	1052	1052	1052	1052	1052	1052
		人均住房面积	是否有独立卫生间	是否拥有独立厨房	需要提供长期生活照料的老年人数	患有重大疾病或慢性病的家庭成员数	参加医疗保险的成员人数
被剥夺维度个数	Pearson 相关性	−0.288**	0.256**	0.230**	0.336**	0.380**	0.177**
	显著性（双侧）	0	0	0	0	0	0
	N	1049	1052	1052	1052	1052	1052
		参加失业保险的成员人数	参加生育保险的成员人数	参加长期护理保险的成员数	存在残疾的家庭成员人数		
被剥夺维度个数	Pearson 相关性	−0.272**	−0.265**	−0.244**	0.274**		
	显著性（双侧）	0	0	0	0		
	N	1051	1052	1052	1052		

注：＊＊表示在 0.01 水平（双侧）上显著相关。＊表示在 0.05 水平（双侧）上显著相关

(二) 回归分析

本研究的回归分析旨在考察7个维度被剥夺情况的影响因素,以进一步探讨哪些因素最能解释被剥夺的情况。

本研究设定的因变量是被剥夺的维度个数。自变量包括:(1)共同生活的成员人数;(2)小孩数量;(3)未完成义务教育辍学;(4)小孩需要家庭辅导及陪伴学习等教育支持;(5)家庭人均可支配收入;(6)负债情况;(7)人均住房面积;(8)是否拥有独立卫生间;(9)是否拥有独立厨房;(10)需要提供长期生活照料的老年人数;(11)患有一种及以上重大疾病或慢性病的家庭成员人数;(12)存在肢体、智力、听力、视力或多重残疾的家庭成员人数;(13)患有精神或心理疾病的家庭成员人数;(14)健康劳动力中正在就业的人数;(15)主要劳动力是否拥有相关职业技能证书;(16)家庭受到过来自社会的物质支持与精神支持;(17)有只求温饱得过且过的生活观;(18)参加养老保险的成员人数;(19)参加医疗保险的成员人数;(20)参加失业保险的成员人数;(21)参加生育保险的成员人数;(22)参加长期护理保险的成员人数。

自变量的选取,除了考虑经济、生活、健康、教育、就业、认知和社会支持、社会保障等因素外,还加入了人口规模因素,即共同生活的成员人数这个变量。自变量的选取范围之所以非常广泛,是想通过一个更大范围的搜索,来探讨7个维度被剥夺情况的影响因素,以便在未来的相对贫困治理中找到应对之策。

1. 总体模型摘要

从整体模型来看,$R^2 = 0.737$,表明全部自变量能够解释因变量73.7%的变异量,调整后的 R^2 仍然达到0.730,说明自变量的解释力具有稳健性,能够从整体上对因变量进行解释(表5-34)

表5-34 整体模型摘要

模型	R	R^2	调整 R^2	标准估计的误差
1	0.858	0.737	0.730	0.756

2. 模型的方差分析

表5-35的Anova方差分析表列出了模型的回归和残差平方和,以及自由度、均方、F 值和 Sig.(显著性),其中,模型的回归平方和为1635.966,残差平方和为 584.774, $df(24, 1023)$, $F=119.248$, $p=0.000$, Sig. 对应的 p 值小于 0.05,说明建立的回归方程具有统计学上的意义,自变量和因变量之间存在线性关系。

表5-35　Anova分析

模型		平方和	df	均方	F	Sig.
1	回归	1635.966	24	68.165	119.248	0.000
	残差	584.774	1023	0.572		
	总计	2220.74	1047			

3. 模型参数估计及回归方程

从表5-36可以看出:采用同时回归法,模型中共同生活的成员人数、小孩数量、未完成义务教育辍学、小孩需要家庭辅导及陪伴学习等教育支持、家庭人均可支配收入、人均住房面积、是否拥有独立卫生间、需要提供长期生活照料的老年人数、患有一种及以上重大疾病或慢性病的家庭成员人数、健康劳动力中正在就业的人数、主要劳动力是否拥有相关职业技能证书、家庭受到过来自社会的物质支持与精神支持、参加护理保险的成员人数等自变量的回归系数显著值均小于 0.05,表明回归系数 b 存在,具有统计学意义,说明这些变量能够很好地解释因变量,是因变量的影响因素。经过读取非标准化系数,模型的回归方程表达式如下:

$$Y=4.115+0.316X_1-0.230X_2+1.49X_3-0.870X_4+0.137X_5$$
$$-0.003X_6+0.571X_7+0.170X_8+0.206X_9+0.213X_{10}+0.081X_{11}-$$
$$0.088X_{12}-0.170X_{13}+0.410X_{14}+0.068X_{15}+0.059X_{16}+0.001X_{17}-$$
$$0.007X_{18}-0.043X_{19}+0.005X_{20}-0.175X_{21}-0.043X_{22}$$

该回归方程可用于预测样本的被剥夺维度个数。

表5-36　同时回归法得到的参数估计值

模型	非标准化系数		标准系数	t	Sig.
	b	标准误差	试用版		
1　（常量）	4.115	0.275		14.943	0.000
共同生活的成员人数	0.316	0.024	0.284	13.28	0.000
小孩数量	−0.23	0.046	−0.143	−4.989	0.000
未完成义务教育辍学	1.49	0.088	1.263	16.912	0.000
小孩需要家庭辅导及陪伴学习等教育支持	−0.87	0.055	−1.104	−15.832	0.000
家庭人均可支配收入	0.137	0.044	0.061	3.083	0.002
人均住房面积	−0.003	0.001	−0.038	−2.191	0.029
是否拥有独立卫生间	0.571	0.103	0.109	5.536	0.000
是否拥有独立厨房	0.17	0.11	0.031	1.543	0.123
需要提供长期生活照料的老年人数	0.206	0.025	0.145	8.222	0.000
患有一种及以上重大疾病或慢性病的家庭成员人数	0.213	0.033	0.122	6.351	0.000
存在肢体、智力、听力、视力或多重残疾的家庭成员人数	0.081	0.047	0.033	1.724	0.085
患有精神或心理疾病的家庭成员人数	−0.088	0.085	−0.018	−1.037	0.300
健康劳动力中正在就业的人数	−0.17	0.034	−0.092	−5.07	0.000
主要劳动力是否拥有相关职业技能证书	0.41	0.035	0.221	11.86	0.000
家庭受到过来自社会的物质支持与精神支持	0.068	0.02	0.059	3.445	0.001
有只求温饱得过且过的生活观	0.059	0.033	0.051	1.777	0.076
参加养老保险的成员人数	0.001	0.019	0.001	0.045	0.964
参加医疗保险的成员人数	−0.007	0.018	−0.008	−0.376	0.707
参加失业保险的成员人数	−0.043	0.031	−0.036	−1.369	0.171
参加生育保险的成员人数	0.005	0.034	0.004	0.153	0.878
参加护理保险的成员人数	−0.175	0.028	−0.126	−6.235	0.000
负债情况	−0.043	0.029	−0.025	−1.483	0.138

4. 模型解释力的顺序

表5-37显示了逐步回归法得到的模型参数,最先进入回归模型的

变量是家庭人均可支配收入，接下来是共同生活的成员人数，后面依次是：主要劳动力是否拥有相关职业技能证书、患有一种及以上重大疾病或慢性病的家庭成员人数、有只求温饱得过且过的生活观。

表 5-37　前 5 个因素的逐步回归法得到的模型参数值

模型	非标准化系数		标准系数	t	Sig.
	b	标准误差	试用版		
1　（常量）	5.820	0.097		60.050	0.000
家庭人均可支配收入	1.022	0.052	0.518	19.590	0.000
2　（常量）	3.635	0.157		23.090	0.000
家庭人均可支配收入	0.974	0.047	0.494	20.930	0.000
共同生活的成员人数	0.435	0.026	0.391	16.592	0.000
3　（常量）	2.308	0.183		12.632	0.000
家庭人均可支配收入	0.787	0.046	0.399	17.055	0.000
共同生活的成员人数	0.408	0.025	0.367	16.580	0.000
主要劳动力是否拥有相关职业技能证书	0.533	0.043	0.288	12.266	0.000
4　（常量）	1.695	0.182		9.299	0.000
家庭人均可支配收入	0.699	0.045	0.354	15.699	0.000
共同生活的成员人数	0.377	0.024	0.340	16.052	0.000
主要劳动力是否拥有相关职业技能证书	0.523	0.041	0.283	12.697	0.000
患有一种及以上重大疾病或慢性病的家庭成员人数	0.407	0.038	0.233	10.837	0.000
5　（常量）	2.420	0.188		12.842	0.000
家庭人均可支配收入	0.746	0.043	0.378	17.438	0.000
共同生活的成员人数	0.349	0.023	0.314	15.423	0.000
主要劳动力是否拥有相关职业技能证书	0.536	0.039	0.289	13.597	0.000
患有一种及以上重大疾病或慢性病的家庭成员人数	0.408	0.036	0.234	11.374	0.000
有只求温饱得过且过的生活观	0.242	0.024	0.204	10.061	0.000

在加入 5 个因素后，本研究将第 6 个到第 10 个因素逐步加入，分别是：需要提供长期生活照料的老年人数、是否拥有独立卫生间、参加护理保险的成员人数、健康劳动力中正在就业的人数、未完成义务教育辍学。

分析结果如表 5-38 所示。

表 5-38 第 6 到第 10 个因素的逐步回归法得到的模型参数值

模型	非标准化系数		标准系数	t	Sig.
	b	标准误差	试用版		
6 （常量）	2.243	0.185		12.107	0.000
家庭人均可支配收入	0.726	0.042	0.368	17.376	0.000
共同生活的成员人数	0.325	0.022	0.293	14.596	0.000
主要劳动力是否拥有相关职业技能证书	0.538	0.038	0.291	14.007	0.000
患有一种及以上重大疾病或慢性病的家庭成员人数	0.326	0.037	0.187	8.908	0.000
有只求温饱得过且过的生活观	0.242	0.023	0.204	10.323	0.000
需要提供长期生活照料的老年人数	0.220	0.030	0.155	7.418	0.000
7 （常量）	1.502	0.211		7.125	0.000
家庭人均可支配收入	0.692	0.041	0.351	16.803	0.000
共同生活的成员人数	0.328	0.022	0.295	15.024	0.000
主要劳动力是否拥有相关职业技能证书	0.510	0.038	0.275	13.484	0.000
患有一种及以上重大疾病或慢性病的家庭成员人数	0.315	0.036	0.181	8.788	0.000
有只求温饱得过且过的生活观	0.246	0.023	0.207	10.708	0.000
需要提供长期生活照料的老年人数	0.218	0.029	0.154	7.523	0.000
是否拥有独立卫生间	0.700	0.102	0.134	6.875	0.000
8 （常量）	1.705	0.210		8.128	0.000
家庭人均可支配收入	0.672	0.041	0.341	16.567	0.000
共同生活的成员人数	0.332	0.021	0.299	15.475	0.000
主要劳动力是否拥有相关职业技能证书	0.470	0.038	0.254	12.459	0.000
患有一种及以上重大疾病或慢性病的家庭成员人数	0.311	0.035	0.178	8.829	0.000
有只求温饱得过且过的生活观	0.225	0.023	0.190	9.889	0.000
需要提供长期生活照料的老年人数	0.222	0.028	0.157	7.810	0.000
是否拥有独立卫生间	0.716	0.100	0.137	7.157	0.000
参加护理保险的成员人数	0.166	0.027	0.120	6.188	0.000

模型	非标准化系数		标准系数	t	Sig.
	b	标准误差	试用版		
9　（常量）	1.990	0.213		9.354	0.000
家庭人均可支配收入	0.640	0.040	0.324	15.826	0.000
共同生活的成员人数	0.360	0.022	0.324	16.586	0.000
主要劳动力是否拥有相关职业技能证书	0.438	0.038	0.237	11.660	0.000
患有一种及以上重大疾病或慢性病的家庭成员人数	0.287	0.035	0.164	8.189	0.000
有只求温饱得过且过的生活观	0.223	0.022	0.188	9.928	0.000
需要提供长期生活照料的老年人数	0.233	0.028	0.164	8.284	0.000
是否拥有独立卫生间	0.700	0.099	0.134	7.098	0.000
参加护理保险的成员人数	0.152	0.027	0.109	5.709	0.000
健康劳动力中正在就业的人数	0.208	0.037	0.113	5.668	0.000
10　（常量）	2.105	0.213		9.892	0.000
家庭人均可支配收入	0.641	0.040	0.325	15.992	0.000
共同生活的成员人数	0.340	0.022	0.306	15.447	0.000
主要劳动力是否拥有相关职业技能证书	0.443	0.037	0.239	11.874	0.000
患有一种及以上重大疾病或慢性病的家庭成员人数	0.290	0.035	0.166	8.344	0.000
有只求温饱得过且过的生活观	0.218	0.022	0.184	9.784	0.000
需要提供长期生活照料的老年人数	0.222	0.028	0.156	7.903	0.000
是否拥有独立卫生间	0.684	0.098	0.131	6.991	0.000
参加护理保险的成员人数	0.130	0.027	0.094	4.845	0.000
健康劳动力中正在就业的人数	0.196	0.036	0.106	5.372	0.000
未完成义务教育辍学	0.096	0.023	0.081	4.190	0.000

在加入 10 个因素后，本研究将第 11 个到第 14 个因素逐步加入，分别是：小孩需要家庭辅导及陪伴学习等教育支持、小孩数量、家庭受到过来自社会的物质支持与精神支持、人均住房面积。分析结果如表 5-39 所示。

表 5-39　第 10 到第 14 个因素的逐步回归法得到的模型参数值

模型	非标准化系数		标准系数	t	Sig.
	b	标准误差	试用版		
11　（常量）	3.739	0.219		17.097	0.000
家庭人均可支配收入	0.652	0.036	0.330	18.034	0.000
共同生活的成员人数	0.280	0.020	0.252	13.825	0.000
主要劳动力是否拥有相关职业技能证书	0.390	0.034	0.210	11.533	0.000
患有一种及以上重大疾病或慢性病的家庭成员人数	0.256	0.031	0.147	8.147	0.000
有只求温饱得过且过的生活观	0.197	0.020	0.166	9.760	0.000
需要提供长期生活照料的老年人数	0.207	0.025	0.146	8.196	0.000
是否拥有独立卫生间	0.676	0.088	0.129	7.658	0.000
参加护理保险的成员人数	0.155	0.024	0.112	6.400	0.000
健康劳动力中正在就业的人数	0.168	0.033	0.091	5.109	0.000
未完成义务教育辍学	1.355	0.084	1.149	16.206	0.000
小孩需要家庭辅导及陪伴学习等教育支持	0.856	0.055	1.086	15.540	0.000
12　（常量）	4.199	0.233		18.046	0.000
家庭人均可支配收入	0.675	0.036	0.342	18.776	0.000
共同生活的成员人数	0.328	0.022	0.295	14.944	0.000
主要劳动力是否拥有相关职业技能证书	0.400	0.033	0.216	11.981	0.000
患有一种及以上重大疾病或慢性病的家庭成员人数	0.238	0.031	0.137	7.646	0.000
有只求温饱得过且过的生活观	0.199	0.020	0.167	9.983	0.000
需要提供长期生活照料的老年人数	0.214	0.025	0.151	8.581	0.000
是否拥有独立卫生间	0.689	0.087	0.132	7.912	0.000
参加护理保险的成员人数	0.149	0.024	0.107	6.229	0.000
健康劳动力中正在就业的人数	0.172	0.032	0.093	5.299	0.000
未完成义务教育辍学	1.509	0.088	1.280	17.245	0.000
小孩需要家庭辅导及陪伴学习等教育支持	0.878	0.055	1.115	16.109	0.000
小孩数量	0.241	0.046	0.150	5.301	0.000

模型	非标准化系数		标准系数	t	Sig.
	b	标准误差	试用版		
13 （常量）	4.104	0.233		17.618	0.000
家庭人均可支配收入	0.676	0.036	0.343	18.927	0.000
共同生活的成员人数	0.324	0.022	0.292	14.828	0.000
主要劳动力是否拥有相关职业技能证书	0.413	0.033	0.223	12.351	0.000
患有一种及以上重大疾病或慢性病的家庭成员人数	0.244	0.031	0.140	7.857	0.000
有只求温饱得过且过的生活观	0.214	0.020	0.180	10.568	0.000
需要提供长期生活照料的老年人数	0.211	0.025	0.149	8.473	0.000
是否拥有独立卫生间	0.673	0.087	0.129	7.752	0.000
参加护理保险的成员人数	0.161	0.024	0.116	6.689	0.000
健康劳动力中正在就业的人数	0.180	0.032	0.098	5.574	0.000
未完成义务教育辍学	1.510	0.087	1.281	17.355	0.000
小孩需要家庭辅导及陪伴学习等教育支持	0.876	0.054	1.112	16.151	0.000
小孩数量	0.242	0.045	0.151	5.344	0.000
家庭受到过来自社会的物质支持与精神支持	0.070	0.020	0.061	3.533	0.000
14 （常量）	4.103	0.236		17.352	0.000
家庭人均可支配收入	0.129	0.044	0.058	2.938	0.003
共同生活的成员人数	0.311	0.022	0.280	14.068	0.000
主要劳动力是否拥有相关职业技能证书	0.409	0.033	0.221	12.300	0.000
患有一种及以上重大疾病或慢性病的家庭成员人数	0.234	0.031	0.134	7.555	0.000
有只求温饱得过且过的生活观	0.215	0.020	0.181	10.654	0.000
需要提供长期生活照料的老年人数	0.209	0.025	0.148	8.451	0.000
是否拥有独立卫生间	0.660	0.086	0.126	7.629	0.000
参加护理保险的成员人数	0.161	0.024	0.116	6.738	0.000
健康劳动力中正在就业的人数	0.162	0.033	0.088	4.976	0.000
未完成义务教育辍学	1.503	0.087	1.274	17.367	0.000
小孩需要家庭辅导及陪伴学习等教育支持	0.874	0.054	1.110	16.223	0.000
小孩数量	0.232	0.045	0.145	5.158	0.000
家庭受到过来自社会的物质支持与精神支持	0.070	0.020	0.061	3.567	0.000
人均住房面积	0.003	0.001	0.043	2.490	0.013

分析逐步回归法得到的模型参数值，可以发现哪些变量最能够解释被剥夺维度的情况。调查分析发现，最能解释被剥夺维度数的前三个变量分别是：家庭人均可支配收入、共同生活的成员人数、主要劳动力是否拥有相关职业技能证书。

第二节　研究结论

一、相对贫困的表现形式

综上所述，相对贫困主要表现在经济、生活、健康、教育、就业、认知与支持、社会保障 7 个维度。在经济维度主要表现为收入较低、刚性支出超过家庭收入。刚性支出中，尤其以大病或者教育支出最为常见。此外，相对贫困的主要表现形式是家庭"能力弱"，如家庭中有大病人员、精神或者心理疾病需要治疗、有半自理或者不能自理的老年人需要长期照护，或者有残疾的家庭成员。家庭持续增收能力不强也是相对贫困的突出表现形式，家庭中的劳动力技能水平较低，没有获得过劳动技能证书，或者家庭中有劳动力处于失业或者长期未就业状态，如家庭主妇等。这种家庭往往孩子数量较多，需要的教育支出多，日常生活压力大。相对贫困家庭的社会保障不完善，许多家庭有成员未加入养老保险或其他保险，对未来没有保障。

二、相对贫困发生最多的维度

从各个维度来看，相对贫困发生最多的是经济维度、健康维度、教育维度、就业维度、认知与支持维度。许多相对贫困家庭有成员生大病、有子女在上学且其人均收入低于相对贫困标准。这也从实践上证明了"因病致贫、因病返贫"和"因教育支出致贫"的现象比较普遍。各个维度贫困发生率从高到低依次是：经济维度、健康维度、教育维度、认知与支持维度、社会保障维度、就业维度和生活维度。生活维度是相对贫困识别的重要维度，从住房面积、住房是否有独立卫生间或者独立厨房就可以从外观上进行鉴定和识别，且住房方面的相对贫困呈现出成片的特点。一般来说，高档别墅区几乎没有相对贫困家庭，商品房区域有少量的相对贫困家庭，售后公房、老旧小区、棚户区等地区的相对贫困发生率则非常高，集中成片。

三、相对贫困的发生机制

从相对贫困的发生机制来看，家庭方面的原因占比较大，主要的原因是"因病致贫""能力不足致贫"等。例如，能力贫乏导致贫困，缺少技能，教育水平较低，故所得工资收入不高，只能从事技能水平较低的工作，拿着最低工资，却要养活一大家子人。还有的家庭情况是劳动力存在间歇性失业，处于打零工或者做散工的状态，不能持续获得收入；或者拿最低工资但工作成本较高，净收入较少。家庭的健康水平低，疾病支出导致贫困的现象在相对贫困家庭中最为常见，子女的教育支出等刚性支出导致贫困发生率也很高。当然，个别相对贫困人员也存在一些不正确的认识，如只求温饱、得过且过的生活观，认为与其他人相比，自己及家里人没有什么发展前途，具有自卑心理等。此外，家庭来自社会的物质支持与精神支持较少，也可能导致相对贫困。

第六章
家庭跃迁视域下我国相对贫困发生机制探讨

第一节 基于扎根理论的问题导向

自人类文明伊始,贫困与消除贫困的话题便成为人类社会发展与进步的重要一隅。贫困人群经历过衣不蔽体、饔飧不继、蓬门荜户的生活窘境,也少不了因受灾害侵袭而流离失所、因疾病缠身而家道壁立。贫困现象的普遍性与复杂性决定了社会保障体系的完善需要把消除贫困作为根本目的,通过完善的反贫困治理策略实现从绝对贫困到相对贫困的减贫目标。

我国自改革开放以来不断加快脱贫攻坚步伐,成功解决了几亿农村人口的温饱难题,但在 2020 年以后,困扰我国减贫的重难点将不再是绝对贫困问题,而是致贫因素更为复杂的相对贫困问题[①],这类贫困现象在城市中尤为引人关注,是当前实现全体社会成员共享社会发展成果目标的主要障碍之一。

与此同时,新冠肺炎疫情的悄然袭击更是将城市中不少收入处在中下层的人群置于雪上加霜的困境,并增加了这类人群陷入"新相对贫困陷阱"的概率。

---

① 张琦,杨铭宇,孔梅. 2020 后相对贫困群体发生机制的探索与思考[J]. 新视野,2020(02): 26—32＋73.

本研究结合建构主义扎根理论与深度访谈法,于 2020 年 7 月到 8 月以及 2021 年 7 月到 8 月期间采用目的性抽样方法,在山东、贵州、湖南、上海、浙江、安徽以及广西 7 个省份各选取 2 个县市,合计 14 个县市,从中随机抽取 30 户家庭,对其进行入户访谈,借助 NVivo11.0 质性分析软件对 30 个抽样案例(包含政务人员、低收入家庭、低保户家庭与一般性家庭)的访谈数据进行编码与译码分析,通过探究相对贫困发生机制与形成机理来帮助社会公众客观认识相对贫困与绝对贫困的差异与联系,从而为政府及社会建立有效的反贫困治理结构提供循证依据和参考方案。

第二节 家庭跃迁视域下我国相对贫困发生机制实证分析

一、研究设计

(一)数据取样

根据扎根理论的抽样原则,研究者需要提前考虑研究场所与群体,并对每个场所要研究的时长作出决定,同时也要保持访谈数据的一致性。[①] 本研究遵从访谈资料的理论饱和性原则,在访谈之初暂不拟定访谈的家庭户数,研究人员与各街道负责人取得联系后采用目的性抽样方法抽取若干个社区家庭开展入户访谈,目的性抽样是为了使得研究者在有限时间内获得与研究主题相关的最大信息量。为提高研究的信度与效度,本研究整合了新闻报道、政府文件、会议材料等丰富的二手数据作

---

① Juliet M. Corbin, Anselm L. Strauss. 质性研究的基础:形成扎根理论的程序与方法[M]//朱光明,译. 重庆:重庆大学出版社,2016:162—167.

为补充，同时在访谈结束后的 2 天时间内采用反复听音的方式整理出访谈原稿，尽可能将访谈过程与语境通过原文完整呈现。最终研究共抽取了 30 户访谈家庭，其中 14 户家庭的访谈中有社区工作者或民政工作人员配合作相关解释，受访者中男性 14 人，女性 16 人，年龄为 40—95 岁之间；身份类别包括低收入家庭、低保户家庭和边缘户家庭。

（二）数据采集

在正式访谈之前，研究者首先抽取了 6 户家庭进行预访谈，以便掌握正式访谈应把握的节奏与内容。预访谈设置了 5 个与相对贫困有关的家庭运行基本问题，研究者在提问过程中秉承开放自由的态度听取受访者的相关想法，并在此过程中生成最终的访谈提纲。正式访谈的提纲主要涵盖了家庭在经济、生活、健康、教育、就业、认知及社会保障等 7 个方面的基本情况，访谈时间控制在每户家庭 30—40 分钟，当收集到的访谈数据达到饱和时方结束访谈过程。

（三）资料分析

1. 建构主义扎根理论的分析逻辑及运用

在扎根理论研究中，编码与译码处于核心地位，分别对应资料的收集与分析。编码和译码工作是一个整体，同时进行、彼此相关，与其他定性研究方法最大的不同是在其资料分析的过程中需要对资料进行不断的分解、抽象与概念化直到建构的理论达到完全饱和，并形成主要的解释范畴与性质维度。[①] 研究者对资料的收集与分析正是在实践中展现理论化的过程，这一过程不仅需要数据支持还需要数据解释，而建构主义扎根理论则从更加完整的意义上认识到了现象的复杂性，关注对象自身是如何的，以及建构其在具体环境中的意义和行动，并认为任何分析都具有情境性且处于具体的时间、地点、文化和环境中。[②] 本研究基于建构

---

① 李志刚，李兴旺. 蒙牛公司快速成长模式及其影响因素研究——扎根理论研究方法的运用[J]. 管理科学，2006(03)：2—7.

② 凯西·卡麦. 建构扎根理论：质性研究实践指南[M]//边国英，译. 重庆：重庆大学出版社，2009：123—153.

主义视角开展扎根分析,将抽样访谈本进行编码与译码,分析过程遵循开放式编码、轴心式编码和选择性编码三个步骤从而形成最终概念清单(图6-1)。

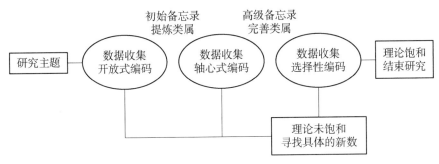

图6-1 扎根分析逻辑图

资料来源:根据凯西·卡麦在《建构扎根理论:质性研究实践指南》一书中的扎根理论过程图绘制

2. NVivo质性分析工具的使用

NVivo是一种能够帮助研究者组织和分析无序信息的定性数据分析软件,其主要编码方法包括两种:一是根据研究主题进行编码以形成研究框架;二是根据数据资料直接进行编码以整合出与主题相关的概念范畴,即通常所说的扎根分析方法。[①] 本研究采用第二种编码分析方式,首先,将总计约11万字的访谈转录文本导入数据库中,通过NVivo的自由编码功能和词频分析功能获得对数据的初步了解;其次,对数据库中的文本逐行编码并对编码后的节点进行归类;再次,根据逐行编码归类结果进行轴心式编码,将归类结果进行范畴扩展与概念延伸;最后,选择所有编码结果中的核心范畴,重新整理编码结果并整合出新的范畴间缔结纽带,从而逐步构建出与主题相关的理论模型。[②]

(1)开放式编码与译码

作为资料分析的基础性步骤,研究者将访谈对象设置为从RP01

---

① 王光明,杨蕊. 基于NVivo10质性分析的少数民族数学学习心理因素研究[J]. 民族教育研究,2015,26(01):81—84.

② 韩黎,袁纪玮,徐明波. 基于NVivo质性分析的羌族灾后心理复原力的影响因素研究[J]. 民族学刊,2015,6(05):83—88+123—126.

到 RP30 及 WP01 到 WP14 的编号,以便快速查找相关联的数据信息(RP 表示相对贫困受访者,WP 表示社区或民政工作者),将 30 户受访家庭访谈文本与 14 名受访工作人员访谈文本分别录入 NVivo 软件中进行初始编码,对于每一行数据线索的发掘、拆分、组织和再定义有助于理论类属的形成,并在此过程中生成能够反映研究资料的概念与范畴。围绕相对贫困发生机制的研究核心,访谈数据经过开放式编码后共形成 118 个概念节点,考虑到概念节点的语意重复与数量冗杂,研究者将存在相似性的概念进行整合,最终形成 107 条初始概念。在此基础上对概念重新类属化并挖掘、命名新的范畴,最终获得原生环境、个人角色、社会资本、行为动机、社会支持、价值取向、时空位置、制度契合、风险变更 9 个范畴。此外,为保证每个范畴的科学性与合理性,研究者还对所得范畴的性质和维度进行了分析。性质是一个范畴的特性或特质,而维度则是性质所处的具体位置,如"原生环境"范畴下包含"住所"这一性质,"住所"则包含了"有固定住所"与"无固定住所"两个维度。[①] 研究中开展的部分开放式编码分析见表6-1。

表6-1 相对贫困发生机制的开放式编码分析举例

编号	原始文本	开放式编码		
		初始概念	初始范畴	范畴的性质和维度
RP01	我当年去下乡插队了,到贵州,不算工龄。	身份认同	个人角色	有无户口
RP02	丈夫身体不是很好,免疫系统紊乱,用药也不好用,现在已经属于肝硬化了。现在维持得还可以,但是又有牛皮癣、关节炎,需要打生物制剂,对肝脏影响小一点,特别不好治疗。(丈夫)父亲肝癌去世,有点遗传倾向。	遗传疾病	原生环境	疾病的影响大/小
RP03	丈夫退休,退休工资大概 3000 元。家庭原来是低保,现在退出低保,政策不一定够得着。	收入变动	风险变更	收入增加/减少

① 于佩良. 基于扎根理论的居民参与旅游扶贫演化模型研究[D]. 广西大学,2019.

编号	原始文本	开放式编码		
		初始概念	初始范畴	范畴的性质和维度
RP04	今年哪怕能够4月帮我体检一下,不导致我今天放弃治疗。你帮我提几天,而且我应该得到这样照顾,对不对?不管什么理由,你在3月4月能帮我查出来,那时候肿瘤指标它不会扩散的,到7月、7月8号再查出来肿瘤已经转移了,对吧?所以不想人财两空,对吧?靠背债,以前手术,小小的乳腺癌对吧?妹妹还跟朋友借一点,或者是家里亲戚朋友借一点,我老公在这山里边转,已经花掉了几万块钱……3万块钱,只借了3万,当时也用了10多万对吧?	政策门槛 收入变动	制度契合 风险变更	政策门槛过高/低 收入增加/减少
RP05	女儿是中本贯通,选择行政管理专业,五年制大专。教育费用高,家里存不到钱,家里有点压力。	资源匹配	社会资本	教育费用多/少
RP06	那么像我这样怎么说?自己就尽量保护好自己,但是也出过差错。我们居委会真的很关心我的,我脑出血很重,我还住医院,这个时候是因为你,就这么全责,所以没有这一笔费用。我有一点,因为耳朵也不好,不行,鼻子也不行。我现在转好以后有后遗症,所以其实就是讲,因为不想增加负担,自己尽量的好,尽量不要(去医院)看,就是这样。	患病 求助	原生环境 社会支持	有无患病 有无帮助
RP07	就是经济上的问题,生那么大的病,我一个礼拜三天要去读书,一个晚上两个白天。还有一个,费用也比较大,收入还只有这么一点。	收入变动 自强动机	风险变更 行为动机	收入增加/减少 是否主/被动谋生
RP08	(所以你们现在住的房子产权是有的?)产权不是我们的,是我外婆的,我们没有产权,我当时是插队落户,户口在外地,现在算是外地人。	身份认同	个人角色	有无户口
RP09	家里有两个孩子,两个孩子都是智力残疾的。大孩子今年35岁,1985年出生,智力两级。享受了重残无业,每个月1615元补贴。现在我的第二个儿子是个弃婴,不是我生的。我原先有第二个儿子的,2004年出了意外,死亡。打官司,请了法律援助,在问题没解决前,太太情绪十分不稳定,在这个情况下,看到了弃婴,就领养了弃婴。	家庭残缺	原生环境	是否残疾 是否单亲 是否孤寡

编号	原始文本	开放式编码		
		初始概念	初始范畴	范畴的性质和维度
RP10	我女儿3个月的时候,我老公生病死了,脑溢血,有高血压的那种。很正常的体型。然后他们受不了,公公先走了,婆婆后面走的。	家庭残缺	原生环境	是否残疾 是否单亲 是否孤寡
RP11	Q:那你为什么不当保安,要做协管呢? A:协管是公益性单位,正好需要。这正好是当初的时候政府扶持的,就是专门为了解决"4050"的就业问题。 Q:是不是交通协管比保安要稳定一些啊? A:稳定。	谋生实况	行为动机	工作是否稳定
RP12	Q:您平时日常生活自理能力还挺强的? A:不是,就是关节也不大好,不大方便。 Q:还有其他一些病吗? A:高血压啊,糖尿病啊,都有的。	家庭照料 患病	原生环境	有无照料 有无患病
RP13	Q:家庭父母工资的话,能够满足衣食住行这些方面吗?就是在这些基本的生活需求方面有什么困扰吗? A:现在也没有什么困扰。住的话比较有困扰,因为现在还租的房,我们家房卖掉了,现在还没有买房。对,是租房屋住。之前卖房是因为我爸为了还债,在我很小的时候就把它卖掉了,后来因为要供我们上学,再也没有买房。	居住条件	原生环境	有无住房
RP14	基本上我觉得小孩以后大学本科必须带出来吧,我跟我们家老公的观念都是这样子的,最起码高中上完,大学本科上出来。看她以后的发展吧,她以后想上的话就上,不想上的话就工作嘛。	发展意识	价值取向	是否有规划
RP15	重大疾病都是没有,还算良好。有的话本人有女性方面的,有乳腺上的病,反正就是属于那种多发性的。然后一些做手术后两次的时候就复发了。这次应该是长时间的喝中药,已经喝了将近半年。后面一直要治疗。	患病	原生环境	有无患病
RP16	儿子要人照顾的,他这个病也是遗传他爸爸。(他爸爸)2012年去世了。这些年我赚来的钱一直就在还债,没存款的,存不起来钱。	遗传疾病 收入变动	原生环境 风险变更	疾病的影响大/小 收入增加/减少

编号	原始文本	开放式编码		
		初始概念	初始范畴	范畴的性质和维度
RP17	看病比较麻烦,这边看完那边报对吧?流程上时间长,环节多,简化一下对吧?我们希望这次和上海的居民一样。有的时候自己是很苦的,上海人出去了,回来了你还是快乐享受的。我们多可怜,而且公司工资要低这么多,像我们这样土生土长都在上海,生在上海,也住在上海,也想国家号召到哪里去,我们也很乐意去,对吧?	政策门槛	制度契合	政策门槛
RP18	没有哪家医院愿意开。低端医院有这个药,它不肯开,为什么呢?说你现在不能吃。实际上不是说我诽谤他们,现在在社区,我亲眼看见一般的稍微贵重的药品可能没有红包也开不来的。像我们这些家庭,这个情况要反映上去的。像我们这种病人,像我们家庭,它首先不当一回事。	政策执行	制度契合	是否有灰色地带
RP19	我习惯住这里了,卖了这里去海边的话,适应不来。这里的居委会也很好的,总是来我家,问这问那的。	状态固化	时空位置	是否习惯
RP20	生了两个孩子,一个没带起来,现在这个大的要读大学了。你说经济吧,主要还是他学费高,公办和民办的差别在这摆着,我们不想送他去民办学校,民办其实更贵,还没补贴。	资源匹配	社会资本	教育费用多/少
RP21	我没娶老婆,自己都照顾不来的,找老婆会耽误人家,还得照顾我的病,总去医院跑也不好。我工作还行,在残联工作,残联基本是我这样的人,可能有的比我好一点吧。	家庭残缺	原生环境	有无残疾
RP22	刚来的时候就感觉不太友善,本地人有些排外,我跟我老公就是这么认识的,熟起来后他会照顾我多点,我也不好意思开口问别人这啊那的,怕被看不起,后来好些了,以前在单位帮助很多的。	排斥争议 求助	社会资本 社会支持	有无排斥 有无帮助
RP23	长宁区的街道老师做得挺不错的,有点什么东西都来通知我们。像去年有补课,就让小孩子去补课。街道也是和社区成绩比较好的,考到东华大学的学生合作,服务社区、回报社区。是区民政局的一个项目。	政策执行	制度契合	政策是否落实

编号	原始文本	开放式编码		
		初始概念	初始范畴	范畴的性质和维度
RP24	Q：您现在这个小区的融入程度怎么样？ A：挺好的,我们楼上楼下特别是楼组长家庭都挺好的。楼下的阿姨有什么都会送上来,有什么小玩意都会想到我们家小朋友。	排斥争议	社会排斥	有无排斥
RP25	ICU 进不起的,就只能吃药,每年药费也要花好多,报销不容易,问来问去的,其实就是这么回事。我以前也有工作,现在被病拖着,人家都不要我了,有时候也不想认命。	患病 生存矛盾	原生环境 个人角色	有无疾病 能否谋生
RP26	Q：家里面挺好的,不欠债? A：不欠的。存不下钱的,还有两个小的,存不下的。要感谢国家有政策,各种各样的政策出台。	储蓄变动	风险变更	有无存款
RP27	6 个人住一起,平时照顾我爸妈,他们年纪大了,日常需要人照顾,但我们都要去上班,社区有助老项目,每个月会来人,但怎么说呢,就是我们压力还是很大,长护险不管病的,他们都有点老毛病了。	伦理责任	原生环境	有无老人照料
RP28	我一个人还是可以的,不孤独,平时会出去和隔壁楼的一起打牌。有孩子,一个女儿,但她忙吧,平常不怎么来。	自强动机 伦理责任	行为动机 原生环境	是否积极 有无老人照料
RP29	我老公尿毒症,要去做透析。我自己身体挺好的,现在基本我在赚钱,做了几份工作,收入不太稳定,但总比没有好吧。现在能生活的。	患病 生存矛盾	原生环境 个人角色	有无患病 能否谋生
RP30	Q：你的父母现在需要你们去照顾吗? A：我自己基本上是吃饭在我爸妈那里,因为我自己体力不够,说实在的不够了,因为我这开销我妈也贴,不贴我根本不够的。	求助	社会支持	有无帮助
WP01	来申请低收入的很多人都是有病的,像 30 岁左右的基本上都是有病的,或者是释放回来的,吸毒回来的。没办法给他们介绍工作。工作属于劳动部门管而不是救助部门管,我们只管最低的生活保障。他们想工作,但是没有机会,打零工也有风险,万一出事怎么办?	生存矛盾 社会排斥	个人角色 社会资本	能否谋生 融入/适应

编号	原始文本	开放式编码		
		初始概念	初始范畴	范畴的性质和维度
WP02	现在孩子还比较小,还没有什么问题。他们家庭能力也比较有限,兴趣班什么的也负担不起,对未来也没有什么想法,先过着看吧。	代际传递 发展意识	原生环境 价值取向	收入增加/减少 认知/态度
WP03	我们现在是很简单的事情。政策是有的,但是有些政策的门槛可能比较高,像他们这样的家庭低收入性质、因病致贫性质,因为他不舍得去看病,没有产生费用,因病致贫又必须你要费用达到,超过你们家年收入或者月收入多少的。	政策门槛	制度契合	政策门槛过高/低
WP04	Q:您觉得低收入家庭还存在什么困难吗? A:医保住院是90%自费,门诊是60%自费。低收入也享受四医联动,也是要三个月。住房的话也会保障,低收入也有地方住。低收入家庭要根据收入认定,财产里面包括有价证券、车子和银行存款。问题是现金是查不到的,第三方的支付平台是查不到的,房子也是查不到的。	政策优化	制度契合	政策是否完善
WP05	特困供养的审批流程很复杂,要提供很多材料,父母兄弟、派出所什么的都要来开评议会,医生也要上门来的,出钱的是民政局。百年以后的丧葬费也可以给予,待遇比农村五保户好一点。离异的、有子女的、子女不来往的特困供养就不一定可以申请下来,需要子女提供材料,就是这样子。	政策门槛	制度契合	政策门槛高/低
WP06	Q:平时对家长有没有介绍工作之类的呢? A:有,我们一般介绍都是正规的,都是要"交金"的。像他们这种没有固定时间的,楼下阿姨都会给介绍什么的,没有什么正规的途径去介绍的。老公做保洁,没有劳动合同,类似于私人老板外包的那种。	求助	社会支持	有无帮助

编号	原始文本	开放式编码		
		初始概念	初始范畴	范畴的性质和维度
WP07	这些病人真的是边缘的边缘,他哪一块都不靠。我也没怪他们,我自己也是大病,所以我能跟他产生共鸣。现在人很辛苦的,年纪大了一点,是吧?像他们这些领居民养老的这些人,其实真正的保障政策并不是很多的,还没有重新评估就被"踢"下来了。	政策门槛	制度契合	政策门槛高/低
WP08	Q:会不会存在项目对象不均衡的现象? A:不会的,我们内部会资源共享的,比如说其他条线困难对象报上来了,我们会先处理政策范围内的,如果政策够不到,我这边才会进一步看看有没有什么项目可以用。	政策门槛	制度契合	政策门槛高/低
WP09	他们想表达的意思就是退休工资已经木已成舟,无法公开了,但就是后续的,因为随着年龄增长,身体每况愈下,可能就想在后面的福利保障这块再增加一点,减少一些环节,有利于他们的一定能解决的事情。	政策优化	制度契合	政策是否完善
WP10	我们算下来人均一个月才1 200多块钱,分到30天,一天就40块钱,还分早中晚对吧?水电煤这些我就不去算了。低保也确实是两难的,因为低保高了,就更加不愿意去上班了,但真的已经这么低了,还能怎么样,对吧?	政策优化	制度契合	政策是否完善
WP11	有些居民就很在乎这一点,所以整个社会氛围对他们其实是宽容度很低的。主要是我觉得社会这样的状态,对他们来说确实是很难的。我们也其实挺替他们鸣不平的。人犯错这一辈子就是冲动,真的很容易就犯错,但是犯了一个错也没有给他一个机会,很多时候就把这个门给关掉了,所以很难。	排斥争议	社会排斥	有无排斥
WP12	Q:您觉得残疾人家庭政策给他们的补贴够不够啊?还有什么要求和想法吗? A:按照他们的想法,现在很多家庭是护理问题,残疾人年龄大了。还有就是许多人退休工资低,医疗费用高,经济有点问题。	家庭残缺 家庭照料 收入变动	原生环境 风险变更	有无残疾 有无照料 收入增加/减少

编号	原始文本	开放式编码		
		初始概念	初始范畴	范畴的性质和维度
WP13	政府给他的这个养老金是1 100元嘛，他是最低的，而且是没有医保的。医保必须要自己买的，有很多到了65岁也不办居民养保，他情愿吃低保，因为长宁有四医联动。	政策门槛	制度契合	政策门槛高/低
WP14	报销现在有一个政策，至少要付5%。他只要付5%。但是你这样想，如果小毛病只有很少的几百块，大的话就多了。只能说一旦数字大，这个政策就不一定能帮助他。对于一些基础的政策来说，那是可以帮助一些老年人减轻一点医药费，比如说十块二十块还能接受，对吧？如果差了几千，对他们就是一个很大的压力。	政策优化	制度契合	政策是否完善

（2）轴心式编码与译码

在开放式编码之后，研究者需要将拆开的范畴重新进行组合联结，运用典型模型中的现象、因果条件、脉络、中介条件、行为策略及其后果，将主范畴发展到副范畴以掌握更多对主范畴的精准认知。[①] 本研究在轴心式编码阶段，通过典型模型分析工具对 9 个范畴与 107 条概念进行不断比较，从而获得"个体脆弱交迭延续""社会风险并发生长"两个主范畴及其典范模型（图 6 - 2）。

"个体脆弱交迭延续"典范模型由生存矛盾、身份认同、社会排斥、依附、状态固化、父辈禀赋、代际传递、个体脆弱、资源失衡、能力剥夺、自我期望 11 个概念组成。在该主范畴典范模型中，身份认同的缺失与社会排斥的存在使得个体获得社会资源更加稀缺，而原生环境带来的遗传疾病与个体性资质通过代际传递的方式增加个体能力剥夺的可能性，此时若继续选择依附社会并持续下去，则最终引发个体生存矛盾的恶性循环。"社会风险并发生长"典范模型由强制退出、外部环境、贫困围城、社

---

① Anselm Strauss, Juliet Corbin. 质性研究概论[M]. 徐宗国，译. 台北：巨流图书公司，1997.

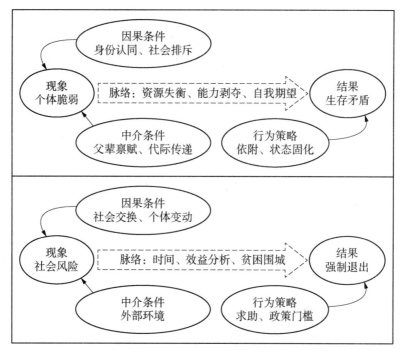

图 6-2 主范畴"个体脆弱交迭延续"和"社会风险并发生长"的典范模型

会交换、个体变动、时间、效益分析、政策门槛、求助和社会风险 10 个概念组成。分析该模型可知,存在的社会风险往往积聚了众多贫困个体,外部环境作为刺激因素将加快弱势个体的集聚速度,从而形成贫困围城;政策制定者接收到弱势群体的求助后将制定出新的反贫困策略,但政策的制定有其滞后性与时效性,因而在政策实践过程中会出现政策边缘群体无法获得社会帮助的现象。

(3) 选择性编码与译码

扎根分析的第三步需要对轴心式编码中得到的主范畴进行进一步的凝练与整合,选择其中能够涵盖所有范畴的核心范畴,并通过资料中的故事线将范畴进行联结组合、排列分析,从而形成完整的扎根理论分析框架。[①] 研究者在比较原生环境、个人角色、社会资本、行为动机、社会

---

① Anselm Strauss, Juliet Corbin. 质性研究概论[M]. 徐宗国,译. 台北: 巨流图书公司, 1997.

支持、自我期望、价值取向、时空位置、制度契合等 9 个范畴的过程中,逐步归纳出关于城市相对贫困发生机制的核心范畴:个体脆弱延续与社会风险并发。用于分析多维贫困的分析框架主要有三种:脆弱性分析框架、可持续生计分析框架、社会排斥分析框架,这三种分析框架各有自己的优点,但都存在对致贫原因的解析比较单一,不能有效分析结构性致贫因素和个体性致贫因素相互间的连结机理。[①] 而本研究中提炼的核心范畴则是在结合三种主流分析框架的基础上,对内外致贫因素进行拆解、归纳与阐释,从而建构出城市相对贫困"个体脆弱延续和社会风险并发"分析框架。

二、城市相对贫困发生机制分析框架

基于前文编码分析所得到的 9 个范畴、2 个主范畴及 1 个核心范畴,本研究尝试从脆弱性视角建构城市相对贫困"个体脆弱延续和社会风险并发"分析框架(图 6 - 3)。该框架由个体选择、家庭行为、制度契合、市场交换 4 个系统组成,各系统之间彼此独立但相互连结,围绕着风险转换而呈现出致贫个体与社会的内在关系。

在系统 I 中,原生环境(父辈禀赋、代际贫困、伦理责任)可能会影响个体选择的动机与行为,个体在家庭中表现的生活方式与行为逻辑将影响家庭的生命维持与资源积累,进而影响就业、教育等资源在代际间的流动,致贫因素主要来自个体能力剥夺而导致的家庭风险。系统 II 描述了个人与市场的互动路径,在此阶段个体受到家庭原生环境的持续影响并体现在心理动机与生理行为方面(体面、自尊、谋生),若社会资源的流动与匹配不足会进一步提高个体的生存负担,致贫因素体现为社会资本匮乏而导致个体面临多维生存风险。系统 III 考虑到国家角色与市场角色的关系,国家通过诸如养老保障、医疗保障及就业保障等制度安排降

---

① 李雪萍,王蒙. 多维贫困"行动—结构"分析框架的建构——基于可持续生计、脆弱性、社会排斥三种分析框架的融合[J]. 江汉大学学报(社会科学版),2015,32(03):5—12+124.

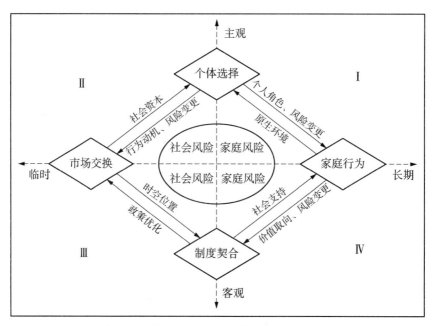

图 6-3 城市相对贫困"个体脆弱延续和社会风险并发"分析框架

低个人可能面临的风险损失,在此过程中政策将通过政策效果反映不断地进行优化与更新,并在必要时刻解决市场中出现的资源争议问题,致贫因素主要为个人与制度的契合需要过程与时间,个人遭遇的实际风险难以被制度全部囊括。在系统Ⅳ中,受家庭再生产能力影响,弱势家庭对国家制度的依赖性加强,家庭风险的化解往往需要公平公正的制度介入与精准帮扶,在此期间个体的价值取向("等靠要"思想、发展意识)将进一步影响家庭行为,致贫因素主要来自家庭再生产能力对制度的依赖性。

(一)原生家庭存在脆弱性

脆弱性在贫困成因中的运用与解释由来已久,世界银行将脆弱性定义为个体或家庭遭受某些风险并因这些风险而导致财富或生活水平下降到低于某一社会公认的水平。[①] 当绝对贫困发展到相对贫困时,贫困

① 唐丽霞,李小云,左停.社会排斥、脆弱性和可持续生计:贫困的三种分析框架及比较[J].贵州社会科学,2010(12):4—10.

内涵已然不再局限于单一个体的脆弱性,而是个体与家庭的多维脆弱性。在研究绝对贫困问题时,代际传递是反贫困领域老生常谈的话题,即父辈自身的贫困及其相关的致贫因素传递给子辈而表现出的贫困代际传递现象。[①] 到了相对贫困问题上,代际传递的影响仍然存在,并通过更中观的原生环境与个人发展发生关联。本研究在对编码进行比较分析的过程中将原生环境范畴界定为影响个人选择的主要因素,将个人角色范畴界定为影响家庭行为的次生因素,两个范畴的主要编码节点分布见表 6-2。

表 6-2　系统 I 的主要编码节点分布

开放式编码节点	参考点数	轴心式编码(范畴)
患病	20	原生环境
家庭残缺	23	
伦理责任	19	
父辈禀赋	17	
生计失衡	36	个人角色
生存矛盾	29	
身份认同	34	

个体选择与家庭行为的互动过程体现在原生环境对于个人持续发展的渲染与影响。原生环境包括患病、家庭残缺、伦理责任及父辈禀赋 4个方面,13 户受访者在访谈中提到了家族遗传疾病,如肝功能障碍、家族糖尿病史等需要给付高昂的医疗支出,8 户受访者在疾病痊愈后仍处于资不抵债的经济桎梏中;部分残疾人家庭、失独家庭、领养家庭、丧偶家庭则承受更多的收入变动问题;而照料父母或投奔子女的不同方式同样影响着家庭生计,年迈体弱的长辈需要子女付出更多的照料时间,这将产生个人与家庭的生存矛盾与生计失衡难题。父辈禀赋的差异性则在资源供应方面加深了子代的状态固化,从而存在着贫困代际传递的可能性。

---

① 杨帆,庄天慧.父辈禀赋对新生代农民工相对贫困的影响及其异质性[J].农村经济,2018(12):115—122.

(二) 能力与社会资源被剥夺

如前文所述,原生环境将从不同程度对个体选择产生影响,这种影响将进一步体现在个体与社会的参与整合方面。绝对贫困视角下个人资源的缺乏通常表现为数量的稀少,个体因缺乏收入、食物、教育、住房、健康而无法获得自主参与生活的机会。① 相对贫困视角下个人资源的缺乏则更多体现为分配的失衡,相对于社会上其他人的生活水平而言这部分人处于社会最底层。② 因此相对贫困的内涵增加了主观性的衡量,个体的贫困感知和脱贫动机将逐步形成个体在市场交换中的行为策略,并以此作为资源获取的基本筹码。

在经济发展的转型阶段,社会不平等的关注点不再是个体是否处于社会上层与下层(社会阶级),而是判断个体处于社会的中心还是社会的边缘。③ 拥有自强动机的个体在市场交换过程中通过劳动及其他方式获得资源,劳动能力的高低影响着资源匹配的大小,进而带来不同类型的内外排斥与争议(内部排斥体现为自我的劳动缺陷、自尊心受损等,外部排斥则包括从宏观到微观的动态转换,如就业排挤、地域歧视等)。如受访者 RP10 家庭为单亲家庭,丈夫病逝后由女主人独自养育孩子,在访谈中该受访者提到"因为我身边也有好多朋友,他们会主动把你拉到一个群体,他们也就是那种很友善的关心,但是我一想到那些人群,再想到以前的事情,我是没办法面对的","我孩子很乐观的,我从来没有在孩子面前表示我们有多可怜,我们家孩子也跟我谈论过这个话题,我说没有办法,有的人比我们还痛苦"。RP10 受访者的个性较为独立且有强烈的生存欲望,但是受访者不愿意主动向旁人提及家庭的实际情况,原因在于一方面来自熟人的社会支持会令受访者被迫划入虚弱者的角色范围,另一方面与某些带有同样经历的人的交往会引发受访者对往事的糟糕回忆,从而增加了受访者对熟人帮助的抗拒心理。个体看待自己、自己与

---

① 穆怀中. 社会保障国际比较[M]. 北京:中国劳动社会保障出版社. 2007.
② 李卫东. 从解决绝对贫困到解决相对贫困[J]. 中国民政,2019(23):29—30.
③ 彭华民. 西方社会福利理论前沿:论国家、社会、体制和政策[M]. 北京:中国社会出版社,2009.

他人、自己与环境的关系是否积极正面,将成为个体脱贫的重要动力。[1] 因此在个体与市场的互动过程中,自强动机与情感警惕会直接影响到个体的谋生方式与行为,个体如何应对市场资源的匹配不公与社会排斥,最终也都会体现在市场对个体的反应中。该过程中涉及的两个范畴编码见表6-3。

表6-3 系统Ⅱ的主要编码节点分布

开放式编码节点	参考点数	轴心式编码(范畴)
能力剥夺	24	社会资本
资源匹配	33	
排斥争议	26	
情感警惕	19	行为动机
自强动机	16	
谋生实况	32	

(三) 政策覆盖或渗透不足

国家制度与市场交换具有相对独立但彼此互补的部分。霍艳丽和童正容(2005)认为当前国内的相对贫困呈现的是一种制度性贫困状态,并指出制度是社会在其成员间分配稀缺资源的工具,贫困产生的根本原因是社会成员在利益分配过程中争夺有限资源。[2] 政策执行过程中面临着多种局限,政策实践路径依赖的强弱、政务人员职能履行的差异、政策设置门槛的高低将直接影响到政策受众群体的相关利益。同时社会风险与市场风险的生长并发要求政策研究者不断进行优化更新,既要提高政策对社会成员的渗透力,也要增进制度与相关群体的契合度。

此外,系统Ⅲ中存在的社会风险会随时空位置的变更而呈现新的形

---

[1] 傅安国,张再生,郑剑虹,岳童,林肇宏,吴娜,黄希庭.脱贫内生动力机制的质性探究[J].心理学报,2020,52(01):66—81+86—91.

[2] 霍艳丽,童正容.从制度因素视角分析我国的相对贫困现象[J].技术与市场,2005(04):41—42.

态,其一是突发事件的发生加剧了部分贫困边缘群体的生存压力,受访者 WP20 谈到新冠肺炎疫情的影响时说道:"现在工资都不好拿了,工地那边一直欠着,每个月只给一部分钱,家里都不够用的。"收不抵支的状况使得这部分群体成为政策帮扶的重点对象,但临时性政策难以预期政策结果,原有体系中政策的缺位也增加了应急性政策的实施难度与风险。其二是谋生个体从主客观层面承受着过往经历对现在生活的约束,受访者 RP11 曾有过少年犯罪案底,尽管在当时已然获得应有的惩戒,但时隔数十年其就业诉求仍无法得到公正的对待,劳动市场的碰壁持续影响着个体的生存信心。其三是风险威胁下个体的弱势地位固化和个体脆弱性的延续,从而形成贫困状态的恶性循环。系统Ⅲ涉及的两个范畴编码见表 6-4。

表 6-4 系统Ⅲ的主要编码节点分布

开放式编码节点	参考点数	轴心式编码(范畴)
突发事件	16	时空位置
过往经历	20	
状态固化	31	
路径依赖	10	政策优化
政策门槛	34	
执行差异	28	

(四) 认知偏差,发展意识不强

一个家庭的家计模式关系到家庭如何维持生存和发展、如何进行资源积累和流动,家庭行为的前瞻性与预防性关系到家庭的贫富发展状况。[1] 在系统Ⅳ中,社会基础薄弱的家庭面临着收入平均化之后只能勉强支撑基本生活的困境,家庭收入的零积累引致个体难以应对如重病治疗、子女教育、照护老人等经济难题,同时削弱了家庭生产能力和发展潜

---

[1] 张曦. 家庭再生产、贫困发生与精准扶贫政策实践[J]. 华南农业大学学报(社会科学版),2019,18(04): 10—20.

力。为了弥补家庭行为的不足,国家采取了一系列保障措施影响家庭生计资本积累与代际传递。[①] 因此,政策提供的社会支持能够促进家庭生产能力的回归,帮助家庭重新获得维持生存的动力。然而,家庭行为与制度契合的互动同样受限于家庭内生动力,诸如文化水平、综合素质等差异将显著影响个体对于家庭未来发展的规划和定位。家庭资源积累不足的原始状况滋生出亲代对子代较为落后的培育观与发展观,高等教育在几代家庭中的缺失进而增加了贫困陷阱形成的可能性。此外,家庭脱贫行为与其贫困素养息息相关,国家政策在实践过程中需要考虑如何避免政策受众的长期依赖性,即政策的实施需要以化解本源为目标而非解决贫困群体的一时之需。系统Ⅳ涉及的两个范畴编码见表6-5。

表6-5 系统Ⅳ的主要编码节点分布

开放式编码节点	参考点数	轴心式编码(范畴)
求助	37	社会支持
归属感	14	
人际关系	19	
等靠要思想	14	价值取向
贫富思想	33	
发展意识	19	

---

① 李雪萍,王蒙.多维贫困"行动—结构"分析框架的建构——基于可持续生计、脆弱性、社会排斥三种分析框架的融合[J].江汉大学学报(社会科学版),2015,32(03):5—12+124.

第七章

家庭跃迁视域下我国相对贫困治理政策创新实践

第一节　典型地区相对贫困治理能量注入现状

一、相对贫困治理模式综述

2020年7月到2021年8月期间,本研究课题组对山东、贵州、湖南、上海、浙江、安徽以及广西7个省份选取的县市治理相对贫困、促进家庭跃迁的模式进行调查,总结出对相对贫困的7个维度,即经济、生活、健康、教育、就业、认知和支持、社会保障等维度进行治理的典型模式,包括:对口帮扶模式、信用金融模式、产业扶贫模式、人才扶贫模式、消费扶贫模式、防贫预警模式、精神扶贫模式、电商扶贫模式、健康教育扶贫模式和多元协同模式(图7-1)。

二、治理相对贫困,实现家庭跃迁的模式分析

(一)经济维度相对贫困治理

如前文所述,相对贫困的维度可以分为"贫"的经济维度和"困"的发

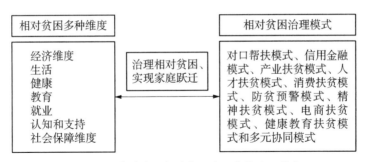

图 7-1 典型地区相对贫困治理能量注入模式

展维度。从根本上来说,经济维度的贫困是相对贫困的内核。要解决相对贫困,最首要的是提高经济收入,促进相对贫困群体提高收入,降低相对贫困群体和非贫困群体的收入差距,最终实现共同富裕的目标。

治理经济维度相对贫困的模式有:消费扶贫模式、产业扶贫模式、电商扶贫模式和信用金融模式等。消费扶贫模式中,双方紧密协作,以消费券的方式,经济较为发达的地区购买相对贫困地区的特色产品,带动相对贫困地区整体脱贫和相对贫困家庭收入增加。例如,华东师范大学与寻甸县供销社签订后勤采购协议,以农产品购买的方式带动当地经济发展。当然,消费扶贫模式也有一定的局限性,偶尔会出现一些通过写程序、开外挂抢券、违规套现等方式来获取利润的违规行为,需要加强监管。

产业扶贫模式的典型地区有贵州和广西等。课题组在贵州和广西的调查结果表明,贵州以"产业富民增收、巩固脱贫成效"为目标,依托资源禀赋,大力发展农业特色产业,如中药材等产业集群。广西的产业扶贫模式则是利用广西地区独特的地理位置和隶属西南边疆的优势,发展广西特色农产品,大力发展对外贸易,增加边民收入。

电商扶贫模式是相对贫困治理中应用最广泛的模式。电商销售的货物主要有两大类,第一类是农产品,包括玉米、土豆、土鸡蛋、土蜂蜜以及农业副产物等。这一类农产品的主要特色是绿色无污染、纯天然、有利于健康。另一类是纯手工制作品。通过多年的实践,电商扶贫已经从一种脱贫手段成为致富创收的手段,在相对贫困治理和乡村振兴中发挥着重要的作用。

信用金融模式主要是指在相对贫困治理中加大信贷扶贫力度,鼓励相对贫困家庭利用政策性贷款,开展创业致富。其中,广西开展的"1＋N"工作体系具有典型性。"1"就是"五位一体"农村信用体系,"N"即N个方面的协同保障政策体系,以各项配套政策确保信用金融模式治理相对贫困的成效。

(二) 其他维度相对贫困治理

顾名思义,相对贫困除包括"贫"的经济维度外,还包括"困"的6个发展维度,分别是生活维度、健康维度、教育维度、就业维度、认知和支持维度以及社会保障维度。发展维度相对贫困治理的典型模式有对口帮扶模式、人才扶贫模式、精神扶贫模式和健康教育扶贫模式等。

长期以来,我国相对贫困治理多数采用对口帮扶模式。对口帮扶模式主要是指通过实施"对口扶贫"等措施,吸引资源从发达地区流向相对贫困地区,或通过当地企业组织、社会组织和爱心人士等将优质社会资源向相对贫困居民扩散,最终实现降低相对贫困居民的多维贫困、走向共同富裕的目标。

人才扶贫模式中,通过从相对贫困地区派遣专业人才到发达地区学习以及从发达地区派出支援队伍这两种方式促进相对贫困地区的发展。对所有参与培训的贫困群众,全部实行"三包五免",提高相对贫困群体参与培训、提高技能的积极性。

精神扶贫模式是指通过创建新时代文明实践中心、发放"明白卡"等形式,把学习宣讲搬到群众身边。通过评选一批脱贫先进代表,广泛宣传,树立脱贫先进典型,提高贫困户脱贫自我意识和觉醒,促进脱贫意识"入耳入脑入心"。加强德治与法治、自治的有机结合,充分利用农村中的村规民约,在全省范围村社一级制定有道德约束力的村风村规,带领群众自觉主动参与移风易俗、改革陈规陋习,从精神上战胜贫困。

健康教育扶贫模式是指医疗方面,扩大医疗保险覆盖面,实现"医疗报销"加"医疗救助"帮扶模式。教育方面,实施"特岗计划"等一系列举措,努力为贫困地区打造一支高水平教师队伍。

（三）相对贫困治理的预警与协同

防贫预警是指在前期大量采集相对贫困家庭信息,对不同部门和行业之间的数据进行交叉比对,并采取逐户审核,对贫困户信息进行核查的基础上,启动致贫返贫"大排查、大处置"预警专项行动。预警防贫机制是一个综合预警模式,需要多部门、多机构的通力协作,这里既需要民政部门、人社部门,也需要包括残联、医保局、教育局、住建局、易地安置中心等部门通力合作,联动办理,联动审批,联动跟踪。多元协同模式是指建立健全多方联动、多元协同、全员动员的扶贫机制,培育打造动员社会力量的枢纽型社会组织,为社会参与提供平台服务支持。

第二节　典型地区相对贫困治理中的困境

典型地区相对贫困治理中的困境主要表现为治理主体与客体、治理内容与治理措施和相对贫困家庭的需要存在不匹配现象,表现为以下四个方面。

一、扶贫产业发展造血功能弱化的问题

全国各地脱贫攻坚的实践表明,产业扶贫是影响当地能否成功脱贫的重要因素,甚至起决定性的作用。具有较强造血功能的扶贫产业往往符合当地发展实际,适应当地自然地理和人文环境的特征,且具有一定的创新性和独特性。然而在实际扶贫工作中,一些地方引进的扶贫产业链并不能长久稳定地保障当地就业,并非使当地脱贫的长久之计。这主要体现在以下三个方面:首先,一些扶贫产业的发展条件超过当地贫困户的承受能力,如资金、技能、劳动力、场地等条件,某些贫困户无法达到

其最低要求,致使其无法享受到政府支持的扶贫政策;其次,扶贫产业趋于低端化和同质化,一些地方扶贫盲目跟风,为了完成上级设置的任务目标,大都选择见效快、成果显著、容易衡量的产业,但来自上级的压力减弱后,当地扶贫产业往往缺乏规模化和高附加值的动力,致使其经济带动力削弱;最后,贫困户融入市场存在隔阂,贫困户有劳动力和土地资源,引入企业有市场和产业,二者相互需求,但由于资金、行政等外界影响因素限制,常常导致贫困户无法满足企业要求,而贫困户收入也没有变化的困境。

二、相对贫困治理中的形式主义问题

作为行政发包制的任务指标之一,脱贫攻坚与地方官员在政治锦标赛中的政治晋升利益有关。在这种限期完成的高度压力下,一些扶贫干部为了追求脱贫的数量和速度,而忽视了脱贫的质量和效果,甚至出现"逼民致富",导致脱贫摘帽后的贫困户处于一种相对贫困的边缘,很容易因为外界风险而返贫。具体表现为以下三个方面:首先,一些地方政府忽略了贫困户自身需求状况与扶贫支持政策之间的匹配程度,将"短、平、快"的脱贫项目引入当地,贫困户为了眼前短暂的利益也会选择接受,而这样的项目却经不起实践的检验;其次,一些地方盛行"数字脱贫",片面追求脱贫户数和人数的最大化,忽视了这些边缘群体是否真的脱贫,导致一些真正的贫困户"被动退出",不能及时全面地享受国家扶贫政策;最后,在压力型体制下的运动式治理,一些地方政府对扶贫政策的理解存在误区和扭曲,从而导致政府治理失灵以及扶贫边际效用递减的状况,降低了精准脱贫的成效。

三、返贫预警防范机制尚不健全,缺少对"边缘户"的持续关注

我国目前对返贫问题的研究主要集中于产生返贫问题的原因及事

后的治理,而对事前的预警和防范方面缺乏应有的考虑。当更多的注意力转向出现问题后的治理而非问题发生前的防范时,容易使返贫风险化解的难度加大。实际上,阻止返贫的一个重要手段是持续脱贫,而这要从返贫问题的"触发器"即预警防范机制加以考虑,以巩固脱贫攻坚的成果。但就我国而言,对脱贫户的持续关注还有待加强,除了需要关注其就业情况、社会保障外,还需要兼顾其产业发展的状况,更需要关注他们自身的持续动力和能力。较多的返贫诱因加上不健全的返贫预警防范机制,使得在实际操作中一些刚越过绝对贫困线的相对贫困群体仍有再度返贫的风险。

四、相对贫困主体能动性的有效激发存在不足

在精准扶贫阶段,政府依靠其行政力量的主导,将各种人力、政策或资金等要素配置在贫困地区,精准扶贫也因此呈现出政府主导式全方位扶贫的特征。同时,扶贫政策目标的完成韧性空间较为狭窄,贫困群体的内生动力状况实则难以被量化和考量。众多相对贫困群体的思想落后、观念陈旧,自身的发展动力未被有效激发,这部分群体对扶贫资源的输入极容易产生过度的依赖。当他们出现思想懈怠、积极性和主动性减弱的情况后,会导致扶贫溢出效应的萎缩。因此,必须对部分地区存在的强政治属性、强任务属性的扶贫模式进行调整。当前,扶贫资源不再呈现出规模化、福利化、行政化的批量供给,如何激发内生动力不足的贫困群体成为常规化返贫治理过程中亟待解决的难题之一。

第三节 典型地区相对贫困治理困境的成因分析

针对相对贫困治理措施与相对贫困家庭多维贫困成因难以匹配的困境,我们通过走访调查地区的民政部门负责人以及基层扶贫干部,归

纳出造成上述困境的成因：一是来自治理主体的技术与机制问题，二是来自贫困家庭内生动力缺乏问题，三是文化与观念的认知制约问题。对于当前各地开始探索的相对贫困治理实践来说，如何解决治理技术与治理机制的融合问题是破解相对贫困治理困境的最大难题。

一、相对贫困的理论内涵和标准尚不明晰

在通过精准扶贫战略消灭绝对贫困时，需要确定一个贫困标准来识别需要帮扶和获取救助的对象。较之绝对贫困，2020 年后相对贫困将会长期存在，对于相对贫困的识别标准的确立同样极为重要。但截至目前，国家层面的相对贫困标准还没有明确，直接影响实际扶贫工作的有效性。相对贫困不能仅从收入高低来衡量，还应该考虑到身体健康、受教育情况、生活习惯、社会资源等问题。另外，同样需要关注城镇中的重病重残、单亲、空巢家庭、流动人口等重点人群。

贫困标准的制定关系到整个相对贫困人口规模的测定，关系到每一个贫困人口的切身利益。如果说绝对贫困治理是生存性议题，那么相对贫困治理则是多元与发展性议题，如何在多元与发展中把握新的贫困标准关系到今后整个相对贫困治理进程，这也是相对贫困治理的一个难点。对于贫困的理解应当从多维视角出发。在以相对贫困为核心的未来贫困治理中，单一的贫困标准已经不能满足贫困治理的需要，贫困标准必须是多元的。因此，贫困标准的划定还牵连到对多维贫困的认识问题：如何理解多维贫困？多维贫困与相对贫困有什么关系？如果我们要采用多维贫困标准，那至少应该包含哪些基本维度？对这些问题的回答将直接影响到我们对于贫困标准的划定。此外，在精准扶贫阶段，我们运用科学有效的程序实现了对扶贫对象的精准识别，从而使得扶贫资源可以精确到每一个贫困人口。而在相对贫困阶段，如何在发展不平衡、不充分的社会背景下制定新的贫困标准将成为贫困治理的难点问题，是根据城乡一条线计算相对贫困标准还是采用分城乡的相对贫困标准，如何根据我国经济社会的发展，对相对贫困线的划定进行合理的调整等，

都需要我们统筹考虑。

二、贫困治理的大数据应用条块分割，贫困信息识别精准度不够

近年来，全国已广泛建成扶贫信息系统，但是现实中，各部门之间信息的互联互通仍存在障碍，如贫困户金融信息、住房商铺信息、车辆信息仍然难以跨部门审核。一方面，由于更新不及时，部分信息的精准度较低，跨区域信息审核的能力羸弱，跨省流动人口的信息审核困难。另一方面，扶贫资源的配置不精确、不合理，贫困人口的保障性收入过高，边缘人口渴望得到更多的贫困政策补偿。此外，就业质量低、不稳定，建档立卡户与非贫困户面对的扶贫资源政策差异和区域间、城乡间、个体间教育、医疗资源不平衡的分配，仍然制约农村贫困家庭持续稳定脱贫。

三、贫困治理理念停留在扶贫为主的阶段，防贫预警体系尚未建立

相对贫困治理要求治理主体从扶贫为主的治理机制转向防贫为主的针对相对贫困的治理机制。扶贫工作最根本的问题是要树立贫困群体作为脱贫主体的概念，现行的"外在输血，内在造血"扶贫理念在扶贫工作中取得了显著成效。面对 2020 年后贫困表现形式的转变，如何突破原有体制机制上的藩篱，进一步创新贫困治理体制机制，将成为今后贫困治理的又一难点。因为在 2020 年后的贫困治理中，由于广大农村地区的地理位置、资源条件、人口条件等因素的区隔，更需要结合实际对原有体制机制进行创新。总而言之，如何通过创新体制机制来提高贫困治理效能，是我们当下必须考虑的棘手问题。

第八章

我国相对贫困治理：家庭跃迁视域下的追踪调查

在建立相对贫困治理试点地区中，我们在2021年7月和8月进行了一次回访。对2020年7月和8月调查的相对贫困家庭，本研究课题组联合政府部门和社会组织建立帮扶链接网络，针对不同困难的家庭给予相对应的支持。2021年7月和8月的再次调查表明，积极的治理措施有助于相对贫困家庭实现跃迁，从基态提升到激发态。第一次被调查人数为1500人，由于部分问卷回答不全，故最终只选取了1052份有效问卷。第二次调查面向第一次调查获得有效问卷的1052人，获得1052份有效问卷，以便进一步对比。

第一节　基于维度指标的相对贫困家庭跃迁分析

一、经济维度家庭跃迁追踪调查分析

经济是一个家庭正常运行的基本保障，初期调查发现相对贫困家庭在经济维度存在问题。之后通过对相对贫困家庭在经济维度下的人均可支配收入和家庭刚性支出指标进行帮扶，第二次调查可以看出相对贫

困家庭的经济维度有所好转。其中人均可支配收入指标虽然有近70%的家庭还低于平均水平,但是家庭成员都有了积极解决贫困问题的意识。达到平均水平和高于平均水平的比例分别为31.1%和0.5%,甚至有0.2%的家庭远高于平均水平(表8-1)。

表8-1 接受帮扶后相对贫困家庭人均可支配收入情况

家庭人均可支配收入	家庭数量(户)	百分比(%)
远低于平均水平	398	37.8
低于平均水平	320	30.4
平均水平	327	31.1
高于平均水平	5	0.5
远高于平均水平	2	0.2
合计	1052	100

由于可支配收入增加,相对贫困家庭在刚性支出方面相较第一次调查有了明显提升,有14.4%的家庭就刚性支出问题已经脱离了困难的程度。但仍然有85.6%的相对贫困家庭面临着刚性支出困难的问题,需要进一步得到解决(表8-2)。

表8-2 接受帮扶后相对贫困家庭刚性支出情况

家庭刚性支出	家庭数量(户)	百分比(%)
非常困难	493	46.9
比较困难	407	38.7
既不困难也不容易	143	13.6
比较容易	3	0.3
非常容易	5	0.5
合计	1052	100

总的来看,经济维度未剥夺家庭占68.2%,仍然存在剥夺的占31.8%。如表8-3所示。

表8-3 相对贫困家庭经济维度情况

经济维度剥夺情况	家庭数量(户)	百分比(%)
剥夺	335	31.8
未剥夺	717	68.2

二、生活维度家庭跃迁追踪调查分析

生活质量是家庭不可忽视的方面,其中生活维度下的独立卫生间和独立厨房是影响家庭生活水平的一个体现。相对于初期调查,独立卫生间问题解决成效显著。调查对象全员基本得到解决,有1间独卫的家庭占90.7%,甚至有9.3%的家庭拥有2间独卫。同样,独立厨房是生活中不可缺少的空间,这一问题也得到了很好的解决,93.6%的相对贫困家庭拥有1间独立厨房。但是还有6.4%的家庭没有独立厨房。如表8-4所示。

表8-4 接受帮扶后相对贫困家庭拥有独立卫生间和独立厨房的情况

		家庭数量(户)	百分比(%)
被调查者独立卫生间数量	拥有1间独立卫生间	954	90.7
	拥有2间独立卫生间	98	9.3
被调查者独立厨房数量	拥有1间独立厨房	984	93.6
	没有独立厨房	68	6.4

从生活维度来看,剥夺家庭占24.5%,未剥夺占75.5%,成效明显(表8-5)。

表8-5 相对贫困家庭生活维度情况

生活维度剥夺情况	家庭数量(户)	百分比(%)
剥夺	258	24.5
未剥夺	794	75.5

三、健康维度家庭跃迁追踪调查分析

成员健康是一个家庭正常运转的前提,第一次调查得知相对贫困家庭存在成员有重大疾病、心理疾病、残疾等问题,以及老人抚养问题,有因病致贫的问题。健康问题不能短时间内解决,甚至不能解决,但是可以通过为健康提供保障的措施加以帮扶,缓减其因病致贫的风险。对于可以治疗痊愈的家庭成员,通过社会多元主体的共同作用,为其提供医治。

再次调查发现,健康维度被剥夺的家庭占40%,未剥夺的占60%,说明帮扶措施解决了一部分相对贫困家庭的问题,使其脱离健康相对贫困处境(表8-6)。

表8-6 相对贫困家庭健康维度情况

健康维度剥夺情况	家庭数量(户)	百分比(%)
剥夺	421	40
未剥夺	631	60

四、教育维度家庭跃迁追踪调查分析

教育是提升人的能力最有效的途径,人们可以通过学习获得劳动生活能力。相对贫困家庭的致贫因素中,教育有着重要的影响作用。解决相对贫困问题,需要从教育着手。就成人而言,通过职业培训提升其工作能力;对于孩子,可以加强对其教育的重视程度,阻隔代际贫困。从调查结果可以看出,有2名接受职业培训的成员家庭占45.5%,其次是1名,占27%。同时,仍然有8.6%的家庭其成员没有接受培训(表

8－7）。

表8－7　被调查的相对贫困家庭接受职业培训情况

接受职业培训人数	家庭数量(户)	百分比(%)
0	90	8.6
1人	284	27
2人	479	45.5
3人	157	14.9
4人	42	4
合计	1052	100

就子女教育的重视程度来看,比较重视的占 27.8%,非常重视的最多,占 50.7%。当然,还有 7.3% 的家庭对孩子的教育不重视,14.2% 的家庭对教育抱有无所谓的态度(表8－8)。

表8－8　被调查的相对贫困家庭对子女教育的重视程度

重视程度	家庭数量(户)	百分比(%)
非常重视	533	50.7
比较重视	292	27.8
一般	149	14.2
比较不重视	57	5.3
非常不重视	21	2.0
合计	1052	100

总体来看,教育被剥夺家庭占 30.2%,未剥夺占 69.8%,教育帮扶效果显著(表8－9)。

表8－9　相对贫困家庭教育维度情况

教育维度剥夺情况	家庭数量(户)	百分比(%)
剥夺	401	30.2
未剥夺	928	69.8

五、就业维度家庭跃迁追踪调查分析

就业是民生之本。第一次调查中,相对贫困家庭面临着失业情况,导致家庭收入低。通过多元主体促进就业措施,相对贫困家庭健康劳动力就业人数大幅增加。有2人就业的家庭数量最多,占71.8%;家庭5人全员实现就业的占0.8%。就业措施成效显著,全部家庭实现了至少1人就业(表8-10)。

表8-10 被调查的相对贫困家庭健康劳动力就业情况

家庭健康劳动力就业人数	家庭数量(户)	百分比(%)
1人	143	13.6
2人	755	71.8
3人	111	10.5
4人	35	3.3
5人	8	0.8
合计	1 052	100

职业技能证书是一个人就业的"敲门砖",也是能力的体现。初期调查发现,相对贫困家庭成员失业的原因中,没有技能证书、没有能力是最大的原因。因此由政府牵头,通过培训提升群体的就业技能,以实现成功就业,增加家庭收入。调查中发现,3人获取技能证书的家庭最多,占53.23%,其次是2人,占40.21%。同样,全部家庭实现了至少1人获得技能证书(表8-11)。

表8-11 被调查的相对贫困家庭健康劳动力获得职业技能证书情况

家庭健康劳动力获得就业技能证书人数	家庭数量(户)	百分比(%)
1人	38	3.61%
2人	423	40.21%

家庭健康劳动力获得就业技能证书人数	家庭数量(户)	百分比(%)
3人	560	53.23%
4人	31	2.95%
合计	1052	100.00%

六、认知和支持维度家庭跃迁追踪调查分析

认知和支持对人的发展发挥着推动力,从规划到物质和精神的支持体现出对相对贫困家庭的帮扶,缓减贫困问题。对未来有明确规划而不是"等靠要",是一个家庭不断向前发展的动力。在对相对贫困家庭进行教育、培训、帮扶的情况下,激发家庭成员发展的意识。调查显示,对未来有明确规划的家庭数量最多,占90%左右(表8-12)。

表8-12 相对贫困家庭对未来有明确规划情况

对未来有明确规划情况	家庭数量(户)	百分比(%)
非常明确的规划	457	43.44
比较明确的规划	497	47.24
一般	86	8.17
不太明确的规划	12	1.14
没有任何规划	0	0

资源有限是一个家庭发展受限的重要原因,在鼓励相对贫困家庭成员积极寻求社会帮助的同时,社会多元主体为相对贫困群体提供了一定的帮扶。调查结果显示,571位被调查者表示获得比较大的社会支持,占比达到54.28%,263位受访者表示获得非常大的支持,占比达25%。全部被调查者都获得一定的社会支持,表明已经施行的物质和精神支持措施卓有成效。

表 8.13　相对贫困家庭来自社会的物质和精神支持情况

来自社会的物质和精神支持情况	家庭数量(户)	百分比(%)
非常大的支持	263	25.00%
比较大的支持	571	54.28%
一般	206	19.58%
不太大的支持	12	1.14%
没有任何支持	0	0.00%

七、社会保障维度家庭跃迁追踪调查分析

社会保障具有促进发展的功能。初期调查发现,相对贫困家庭的保险意识较为缺乏,基本没有人参保。通过加强对相对贫困家庭在社保方面的重视和帮扶,如养老、医疗、失业、生育、工伤和护理保险,可以为家庭提供较多的保障和支持。在进行宣传、教育和引导之后,家庭中有2人或者3人参加养老保险的户数显著增加,如表8-14所示。

表 8-14　相对贫困家庭参加养老保险的情况

参加养老保险的家庭成员	家庭数量(户)	百分比(%)
0	2	0.19
1人	315	29.94
2人	411	39.07
3人	232	22.05
4人	92	8.75
5人及以上	0	0

关于相对贫困家庭参加医疗保险的情况,经过政府、社会各界的动员和帮助,被调查家庭基本都认识到参加医疗保险的好处,积极参加医疗保险,健康保障程度大大加强。如表8-15所示。

表 8-15 相对贫困家庭参加医疗保险的情况

参加医疗保险的家庭成员	家庭数量（户）	百分比（%）
0	0	0
1人	51	4.85
2人	123	11.69
3人	427	40.59
4人	136	12.93
5人及以上	315	29.94

在失业保险、生育保险、工伤保险和老年长期护理保险方面，被调查家庭表示，家庭有劳动力正在从事就业工作的，失业保险和工伤保险加入较多，能得到较好的保障。家里有老人且处于老年长期护理保险试点地区的家庭表示，已经积极参与老年长期护理保险。

第二节　相对贫困家庭跃迁能量吸收和能级提升

相对贫困家庭跃迁是一个系统性的过程。根据在上海、广西、贵州、湖南、河南和安徽等 7 个省市的 70 份深度访谈，本研究总结出了相对贫困家庭在经济、生活、健康、教育、就业、认知与支持和社会保障 7 个维度的能量吸收和能级提升情况。

一、经济维度的能量吸收和能级提升

相对贫困家庭在经济方面获得的帮扶往往是促使家庭跃迁最基础、最有效的因素。在受访的 70 户相对贫困家庭中，有 57 户表示在经济上获得了来自各类帮扶主体的帮助，例如政府工作人员帮助申请的低收入保障、最低生活保障，来自社会公益慈善组织的定期资金帮助，也有来自社会爱心人士的捐款。如表 8-16 所示。

表 8-16　经济维度的能量吸收和能级提升案例展示

受访编号	基态	激发态	稳态
001	家里虽无负债,但也无法存款,很多必需品都买不起,日子过得很苦	为受访人全家申请了低保,大人每月 1 240 元,小孩每月 1 615 元,家庭可支配收入总共加起来是每月约 4 095 元	保证一家人的基本生活
012	受访人已经退休,退休工资为每个月 2 800 元,而其参与的上海城保每月需自费 1 000 元,儿子也待业在家,经济负担较重	为受访人申请低收入保障,并取得认证,每月可获得 870 元保障金	缓解经济压力,保障基本生活
023	受访人为独居老人,老人的儿子拒绝履行赡养义务,因为老人的儿子家庭存款超标,导致老人无法享受低收入保障	社区工作人员积极为受访人联系爱心人士,对老人捐款	目前老人收到爱心人士捐助,也在积极争取儿子的抚养费,保障晚年生活
044	受访人为初中生,其父母为重度残疾人,受访人长期和外祖父母生活在一起,外祖父母已经退休,退休金有限,经济负担重	学校帮助受访人联系了助学社会组织,给予其一定的学费补助和生活费补贴	受访人减轻了教育上的经济压力,更加努力投入学习

二、生活维度的能量吸收和能级提升

相对贫困家庭在生活方面获得的帮扶主要体现在保障住房条件、改进住房环境方面。在受访的 70 户家庭中,有 27 户表示在生活上获得了帮扶,例如住房补贴、廉租房补贴以及住房改造项目。如表 8-17 所示。

表 8-17　生活维度的能量吸收和能级提升案例展示

受访编号	基态	激发态	稳态
010	受访人一家五口挤在 22 平米的小房子里,生活很不方便	针对其居住环境较差的情况,政府给予其一定的廉租房补贴,以改善其居住状况	受访人一家三口搬进了廉租房中,父母住在小房子里,生活条件得到很大改善

受访编号	基态	激发态	稳态
025	受访者居住在老屋内,面积仅有22平米,装修也较为老式、破旧	社区为其申请了住房装修改造,但考虑到老人身体无法承受大量粉尘,进展缓慢	目前住房环境得到改善,增加适老化设施
058	受访人为孤老,和弟弟一起居住,弟弟一家也不富裕,一家四口居住在50平米的房子里,住房条件紧张	社区工作人员为受访者申请了"特困供养",在未来老人生病或无法自理时,可以申请去养老院或者得到资金补助	受访者晚年生活基础得到保障
066	受访者住在农村,丈夫在很早就去世了,农村的房屋年久失修,破烂不堪	村子整体搬迁,受访者分配到了一套80平米左右的农民公寓	受访者的居住水平得到了很大的改善

三、健康维度的能量吸收和能级提升

相对贫困家庭在健康方面获得的帮扶主要体现在降低就医成本方面。在受访的70户家庭中,有32户表示在健康上获得了帮扶,包括享受地区特色就医帮扶政策、医药费减免政策和社区一些免费体检项目。如表8-18所示。

表8-18　健康维度的能量吸收和能级提升案例展示

受访编号	基态	激发态	稳态
003	受访人患有糖尿病,同时因为糖尿病引发了眼睛、肾脏等多处并发症。母亲因为年纪大了,腰椎存在一些小毛病,其妻子是冠心病患者,患有严重贫血和偏头痛,但是因为医药费都不敢去大医院看病	享受区政府四医联动政策,减免一部分医药费,包括看医生、验血、检查等	定期接受检查,自己也坚持每天晚上跑步,锻炼身体,增强体质
007	受访人患有尿毒症,存在家族史糖尿病遗传的可能性,但没有医疗保险,得自费看病	申请四医联动,减轻了一定的医疗费用负担	可以在家附近的定点医院看病

受访编号	基态	激发态	稳态
018	受访人因为车祸脑出血导致耳朵、鼻子等器官的后遗症，而其丈夫身体也不太好。年轻时前往江苏插队落户，参加的不是上海城镇居民医疗保险，产生的费用需异地结算，非常麻烦	加入帮困医保参保对象	简化报销流程，降低自费比例，看病更方便
048	受访人妻子患有高血压、糖尿病、胃病等多项慢性病，每月需要按时服药	社区工作人员基于老人看病花销大，且没有医疗保险的情况，社区工作人员为其办理了医疗保险，实现在医院看病自付5%，尽最大可能减少其医疗支出。	受访人家庭在医疗方面的高额支出得到缓解，减轻了家庭医疗负担
062	受访人和妻子年岁已高，平时总是有些病痛。但是医院又离得比较远，看医生非常不方便	社区工作人员定期安排医疗工作者对其进行身体检查，了解其健康状况	受访者对自己的身体情况有了较高的认识，也了解了很多预防疾病的小知识

四、教育维度的能量吸收和能级提升

相对贫困家庭在教育方面获得的帮扶往往是阻断相对贫困代际传递的有效因素。在受访的 70 户家庭中，有 43 户表示在教育上获得了帮扶。其中，有 35 户家庭在教育上的帮扶体现在对孩子的学杂费补助、课外义务辅导等；只有 8 户家庭主要劳动力接受过职业教育和一些从业资格证的培训。如表 8-19 所示。

表 8-19　教育维度的能量吸收和能级提升案例展示

受访编号	基态	激发态	稳态
033	受访人丈夫离世，家庭无力支撑女儿学费，更无法进行额外的补习等教育活动	社区工作人员不仅在学费上给予支持，还曾经给孩子提供义务补习	受访人孩子的成绩有所提高，家庭教育成本也进一步降低

受访编号	基态	激发态	稳态
005	受访人女儿学费较高,家庭无力支撑,更无法进行额外的补习教育活动	社区工作人员为受访人女儿申报了一些助学项目,给予一定的学费补贴	家庭在子女教育上的压力缓解很多,孩子也可以继续得到教育
004	受访人孩子只能接受基础义务教育,无法负担额外教育支出	街道开展了特色家庭救助顾问,匹配大学生给孩子进行一周两次的线上课业辅导。低保证书可以在学校教育方面为这个家庭减免一部分学杂费,减轻家庭的负担。后续还会有慈善机构、爱心企业、临时救助等举措帮助孩子继续学习	孩子接受到了免费教育辅导,在学业上获助很多
042	受访人孩子面临着升学学费的压力,而且对于一些学习上的问题,受访人的孩子也无法得到额外的教育帮助	社区工作人员不仅为孩子匹配了大学生进行每周一次的义务补课,还在学校为女儿减免了一部分的餐费和活动费	社区工作人员为他们寻找合适的慈善机构、爱心企业、临时救助等项目,希望可以在孩子上高中时减免一些学费
044	受访者因为疫情失去了工作,妻子因为身体原因和照顾小孩,没有就业,家庭失去保障	社区工作人员帮助受访者联系了施工工地上的一份工作,但是需要从业资格证,社区工作人员帮助受访者参加了培训活动	受访者顺利通过资格证考试,并且得到了一份稳定的工作,缓解了家庭压力

五、就业维度的能量吸收和能级提升

相对贫困家庭在就业方面获得的帮扶往往是促进相对贫困家庭自我供血的有效因素。在受访的 70 户家庭中,有 20 户表示在就业上获得了帮扶。然而,就业机会的获得受到多种因素的限制,导致少数相对贫困家庭还是无法获得就业机会,只能依靠社会帮扶。如表 8-20 所示。

表 8-20　就业维度的能量吸收和能级提升案例展示

受访编号	基态	激发态	稳态
006	受访人曾经在十七八岁时因打架被追究刑事责任,导致从此就业困难,阻力很大	救助中心人员也在积极帮受访人申请工作	受访人目前有一些比较轻松的非正式的工作
012	受访人妻子身体不好,两个儿子重度残疾,受访人已经退休,但退休工资无法满足家庭开支	工作人员积极联系,帮助其返聘至残联	目前受访人继续从事残疾人工作,每月工资2 000元
037	受访人妻子因为癌症去世,儿子因故入狱,留下受访人和孙子相依为命,但是受访人年事已高,没有稳定的经济来源	村干部让其承包村里的公共卫生,平时村里的一些废品收购任务也交给受访人	目前受访人拥有稳定的收入,还有充裕的时间可以照顾孙子

六、认知和支持维度的能量吸收和能级提升

相对贫困家庭在认知和支持维度方面获得的帮扶往往是促使相对贫困家庭实现跃迁的内在动力。在受访的 70 户家庭中,有 12 户家庭表示在认知和支持上获得了帮扶。常见的帮扶措施有社区邻里和工作人员的心理疏导、专业心理老师的心理支持和发展规划等(表 8-21)。

表 8-21　就业维度的能量吸收和能级提升案例展示

受访编号	基态	激发态	稳态
009	受访人身患癌症,而且巨额治疗费导致受访人一家生活变得艰辛,常常处于悲观的情绪当中	居委会、救助中心等都格外重视他们家,经常给予必要的心理疏导,鼓励他们走出难关	受访人现在坚定信心,积极治疗,争取早日康复
014	受访人丈夫意外离世,受访人和女儿相依为命,情绪经常处于崩溃的边缘	社区工作人员和邻里经常会上门给予关怀,疏导情绪	受访人和女儿十分感激社区邻里对自己的帮助,并且用积极的心态去迎接新生活

受访编号	基态	激发态	稳态
035	受访人与儿子、儿媳和孙子一家四口生活在一起,儿子和儿媳都是聋哑人,而孙子也患有听力障碍,受访人的情绪长期处于焦虑、抑郁状态,家庭气氛紧张	社会组织定期派心理辅导老师上门辅导,对受访人的心理情况进行了解和疏导	受访人调适好自己的心态,家人之间也加强了沟通,家庭氛围得到缓和

七、社会保障维度的能量吸收和能级提升

相对贫困家庭在社会保障方面获得的帮扶是最常见的帮扶形式。在受访的 70 户家庭中,有 68 户都在社会保障方面获得了帮扶。在社会保障方面,最常见的帮扶形式就是低收入保障和医疗保障,一些社会慈善组织也会对相对贫困家庭进行专项帮扶,助力相对贫困家庭实现跃迁(表 8 - 22)。

表 8 - 22　社会保障维度的能量吸收和能级提升案例展示

受访编号	基态	激发态	稳态
007	家里虽无负债,但也无法存款,很多必需品都买不起,日子过得很苦	为受访人全家申请了低保,大人每月 1 240 元,小孩每月 1 615 元,家庭可支配收入总共加起来是每月约 4 095 元	保证一家人的基本生活
011	受访人已经退休,退休工资为每个月 2 800 元,而其参与的上海城保每月需自费 1 000 元,儿子也待业在家,经济负担较重	为受访人申请低收入人群,并取得了认证,可获得 870 元保障金	缓解经济压力,保障基本生活
028	受访人 54 岁,因疫情失去工作。其妻子身体较差,且为外来沪人员,一直没有工作。家里失去收入,而父母为聋哑人,女儿未成年,所以经济压力较大	工作人员积极为这个家庭申请了低保,每月每人可以给予 1 210 元的生活补助	保障了一家人的基本生活,解决了生活问题

受访编号	基态	激发态	稳态
049	受访人为92岁高龄独居老人，其妻子为下岗员工，因此没有社保，每个月也仅有几百块退休金	居委会工作人员看他们到了长期护理保险的申请年龄，便帮他们申请了长期护理保险	目前他们均为长护险一级，每周社区会派人上门打扫卫生三次，每月帮其理发一次，并定期上门慰问

第九章
家庭跃迁视域下我国相对贫困治理政策优化建议

第一节　构建信息系统，实现相对贫困帮扶链接和监测机制

一、对标智慧城市，构建相对贫困信息系统的必要性和可行性

（一）大数据背景下构建相对贫困信息系统的必要性

对标"智慧城市"建设，大数据中心已经建立。有必要建立"一网通办""一网统管"的相对贫困帮扶系统。帮扶系统的建设，有利于相对贫困家庭的"被发现"，有利于"帮扶政策和信息"被知晓，有助于帮扶主体和帮扶对象"被链接"，有利于建立"相对贫困预警机制"，绘制"相对贫困地图"，及时掌握相对贫困群体的动态统计数据，有利于各部门实现"信息共享"机制，从而为相对贫困群众提供更加智能、更加便捷、更加优质的服务。

（二）大数据背景下构建相对贫困信息系统的可行性

建立贫困监测机制首要明确的是贫困监测体系指标的衡量。根据

本研究中构建的基于 AF 双临界值模型,所建立的 7 个一级指标和 21 个二级指标,可以在全面收集相对贫困群体家庭运行数据的基础上,进行相对贫困家庭的贫困维度和剥夺指标统计。针对该相对贫困家庭的剥夺指标和贫困维度,建立"一户一策"的帮扶机制,从而提高政策帮扶的针对性与精准性。

2020 年是我国全面普查之年,借助第七次人口普查的机遇,可以建立所有家庭的数据矩阵,将家庭的统计指标体系构建成一个数据矩阵 Y。在大数据平台上,建立基于 7 个维度的相对贫困界定标准,凡是符合这 7 个维度 21 个二级指标中的一个指标的家庭均纳入相对贫困帮扶范畴,构成相对贫困家庭运行情况数据矩阵 Y_1。对于相对贫困家庭运行情况数据矩阵 Y_1,可以挑选出剥夺矩阵,建立剥夺矩阵 G 和非剥夺矩阵 Q,实时统计家庭相对贫困维度数量 k、家庭贫困程度 z、平均剥夺率 A、指标贡献度 V、多维贫困发生率 H、多维贫困指数 MPI 和区域相对贫困人口对总 MPI 的贡献度等统计数据,形成完善的基于大数据的贫困监测机制。

二、相对贫困信息系统的界面设计

在前文模型构建的基础上,本研究进一步自主研发出"多维相对贫困信息系统",通过简单明了的基础界面与灵活高效的后台操作,帮助政策制定者及社会公众快速识别处于不同困境类型的相对贫困群体。

(一) 主界面介绍

用户进入系统后将面对三个选项按键,其中"开始评价"按键用于对贫困人口信息进行录入与分析,"查询结果"按键用于对已录入信息的查询,"数据统计"按键用于判断多维相对贫困的发生率及相对贫困指数的高低(图 9-1)。

图 9-1 主界面：开始评价、查询结果和数据统计

(二) 分界面介绍

1. 开始评价

第一步："基本信息填写"。此处主要涵盖了填写人年龄、性别、文化程度、常住地址、家庭成员人数。本信息页面的数据可以使用本研究设计的问卷得到的信息，也可以根据第七次人口普查数据项目填入。以某户家庭为例，信息填入页面如图 9-2 所示。

<table>
<tr><td>常住地址</td><td>上海市长宁区仙霞路350号15幢202室</td></tr>
<tr><td>家庭人数</td><td>3</td></tr>
<tr><td>年　龄</td><td>30</td></tr>
<tr><td>性　别</td><td>男</td></tr>
<tr><td>婚姻状况</td><td>已婚，并与配偶共同居住</td></tr>
<tr><td>教育背景</td><td>高中或中专</td></tr>
</table>

清　空　　　确　认

图 9-2 数据输入界面

第二步:"评价指标填写"。主要涵盖填写人的经济、生活、健康、就业、教育、认知和社会支持及社会保障等 7 个指标的内容。如图 9 - 3 所示。

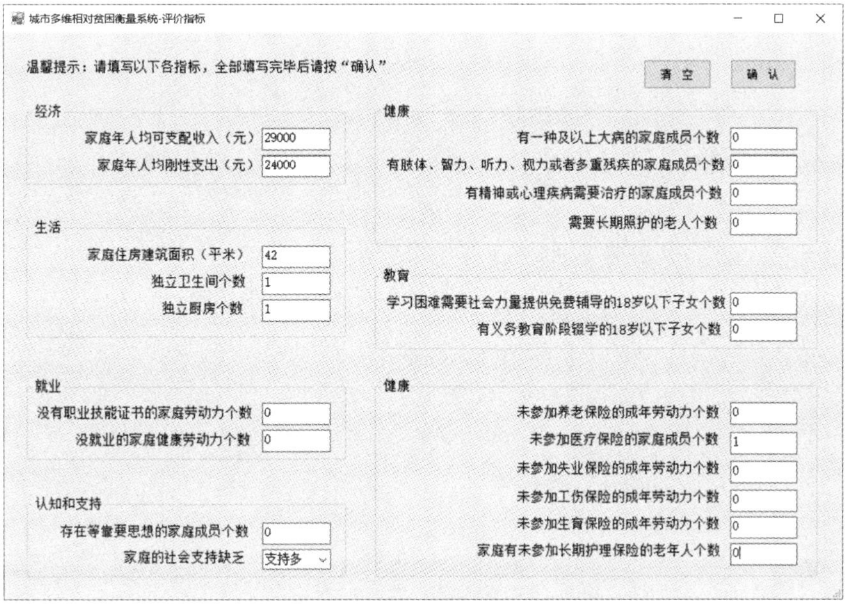

图 9 - 3 数据评价填写界面

第三步:"查询结果"。在完成评价指标填写后,填写人可以通过查询功能,快速获得相对贫困的基本情况,系统通过成熟的程序,自动统计出 7 个指标的贫困程度,并且给出最后的相对贫困程度测算结果。本案例中,有 3 个维度属于相对贫困,4 个维度为良好。如图 9 - 4 所示。

在识别贫困维度后,本系统将按照设定的程序,得出相对贫困维度数量和剥夺指标数量(图 9-5)。

分别点击 7 项指标,可以了解各指标下某一维度的具体情况。例如,对于社会保障维度,全家有一个人及以上未参加医疗保险。对此,有关部门可以及时跟进,将该家庭成员纳入医疗保险,消除该贫困指标(图 9 - 6)。

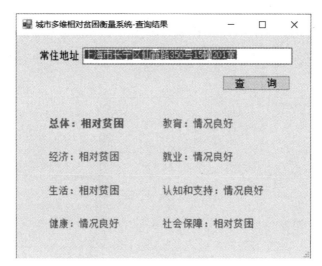

图 9-4 查询界面

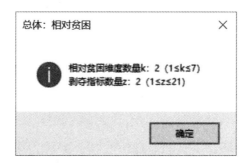

图 9-5 各指标明细统计示例

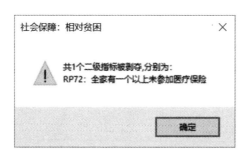

图 9-6 各指标明细查询示例

2. 查询结果

已录入相对贫困衡量系统的用户可以回到该系统的主页面,选择"查询结果"按键,直接完成查询(图9-7)。

图9-7 主界面:查询结果

第一步:在"常住地址"栏中输入家庭常住地址,填写完毕后点击"查询"按键;在系统跳出的"确认提交"提示下选择"确定"(图9-8)。

图9-8 查询结果界面

第二步：用户将获得相对贫困的总体情况与各指标情况，分别点击7个衡量指标条目可显示明细（图9-9）。

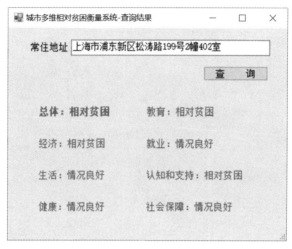

图9-9 查询结果界面

经查询，该家庭经济方面共计有 2 个二级指标被剥夺，分别是 RP_{11} 和 RP_{12}。有关部门可以根据该信息及时采取措施，进行对应帮扶。教育方面，有 1 个二级指标被剥夺，即 RP_{41}。如图9-10所示。

图9-10 各指标明细查询示例

3. 数据统计

在本系统中,回到主页面,选择"数据统计",如图 9-11 所示。

图 9-11 主界面:数据统计

用户可以通过主界面的"数据统计"按键获得已统计的多维贫困发生率、平均剥夺率、指标贡献率及多维贫困指数,该数据将随着系统中录入信息的增加而发生相应改变。本案例中,多维贫困发生率为 66.67%,平均剥夺率为 1.17,指标贡献度为 9.00,多维贫困指数 MPI 为 0.78。如图 9-12 所示。

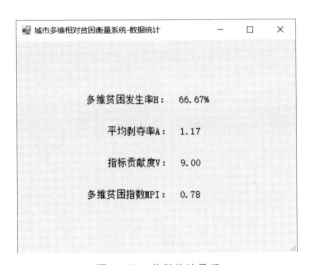

图 9-12 数据统计界面

4. 相对贫困识别和衡量系统的实践应用

项目小组在调查中，采集了 1 052 户相对贫困家庭，将他们的数据输入系统，得到这些相对贫困家庭的情况。如图 9 - 13 所示[①]。

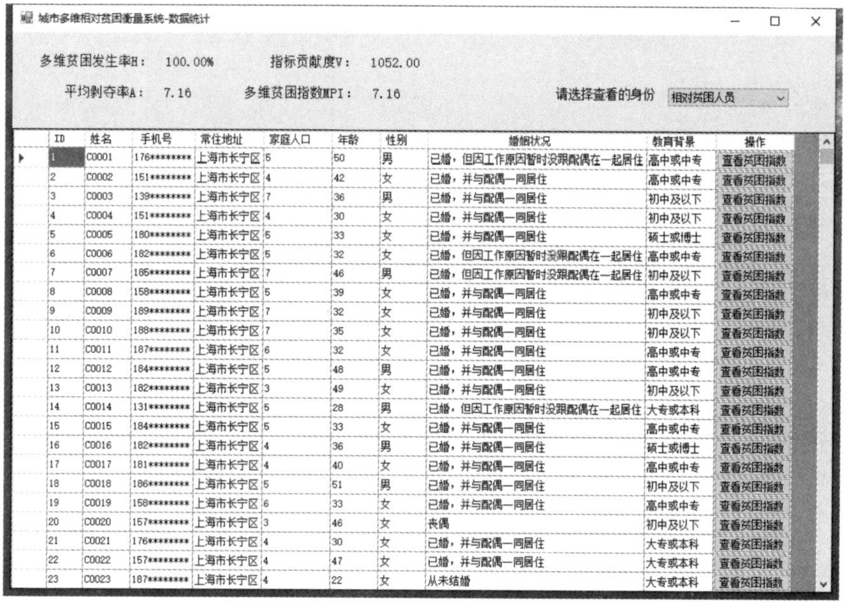
城市多维相对贫困衡量系统-数据统计

多维贫困发生率H： 100.00%　　指标贡献度V： 1052.00

平均剥夺率A： 7.16　　多维贫困指数MPI： 7.16　　请选择查看的身份 相对贫困人员

ID	姓名	手机号	常住地址	家庭人口	年龄	性别	婚姻状况	教育背景	操作
1	C0001	176********	上海市长宁区	5	50	男	已婚，但因工作原因暂时没跟配偶在一起居住	高中或中专	查看贫困指数
2	C0002	151********	上海市长宁区	4	42	女	已婚，并与配偶一同居住	高中或中专	查看贫困指数
3	C0003	139********	上海市长宁区	7	36	男	已婚，并与配偶一同居住	初中及以下	查看贫困指数
4	C0004	151********	上海市长宁区	4	30	女	已婚，并与配偶一同居住	初中及以下	查看贫困指数
5	C0005	180********	上海市长宁区	5	33	女	已婚，并与配偶一同居住	硕士或博士	查看贫困指数
6	C0006	182********	上海市长宁区	5	32	女	已婚，但因工作原因暂时没跟配偶在一起居住	高中或中专	查看贫困指数
7	C0007	185********	上海市长宁区	7	46	男	已婚，但因工作原因暂时没跟配偶在一起居住	初中及以下	查看贫困指数
8	C0008	158********	上海市长宁区	5	39	女	已婚，并与配偶一同居住	高中或中专	查看贫困指数
9	C0009	189********	上海市长宁区	7	32	女	已婚，并与配偶一同居住	初中及以下	查看贫困指数
10	C0010	188********	上海市长宁区	7	35	女	已婚，并与配偶一同居住	初中及以下	查看贫困指数
11	C0011	187********	上海市长宁区	6	32	女	已婚，并与配偶一同居住	高中或中专	查看贫困指数
12	C0012	184********	上海市长宁区	5	48	男	已婚，并与配偶一同居住	高中或中专	查看贫困指数
13	C0013	182********	上海市长宁区	3	49	女	已婚，并与配偶一同居住	初中及以下	查看贫困指数
14	C0014	131********	上海市长宁区	5	28	男	已婚，但因工作原因暂时没跟配偶在一起居住	大专或本科	查看贫困指数
15	C0015	184********	上海市长宁区	5	33	女	已婚，并与配偶一同居住	高中或中专	查看贫困指数
16	C0016	182********	上海市长宁区	4	36	男	已婚，并与配偶一同居住	硕士或博士	查看贫困指数
17	C0017	181********	上海市长宁区	4	40	女	已婚，并与配偶一同居住	高中或中专	查看贫困指数
18	C0018	186********	上海市长宁区	5	51	男	已婚，并与配偶一同居住	初中及以下	查看贫困指数
19	C0019	158********	上海市长宁区	6	33	女	已婚，并与配偶一同居住	高中或中专	查看贫困指数
20	C0020	157********	上海市长宁区	3	46	女	丧偶	初中及以下	查看贫困指数
21	C0021	176********	上海市长宁区	4	30	女	已婚，并与配偶一同居住	大专或本科	查看贫困指数
22	C0022	157********	上海市长宁区	4	47	女	已婚，并与配偶一同居住	大专或本科	查看贫困指数
23	C0023	187********	上海市长宁区	4	22	女	从未结婚	大专或本科	查看贫困指数

图 9 - 13　相对贫困家庭数据举例

三、建立爱心人士帮扶资源系统并进行实践

考虑到相对贫困群体的贫困维度和剥夺指标的差异性，本研究根据设置的 7 个贫困维度进行了相对贫困帮扶机制的社会调查，绝大多数爱心人士愿意在经济、教育及认知思想上为相对贫困群体提供相应帮助。具体来看，本研究联系了 232 名爱心人士，能够在经济方面提供帮助的被调查者人数最多，为 134 人，占比达到 57.76%；排第二的是能够在教育方面提供帮助的被调查者，为 123 人，占比达到 53.02%；有 45.69%的

① 由于篇幅限制，这里只展示一页数据截图。

被调查者认为自己可以在贫困人员的认知思想方面提供帮助,这部分调查者的人数是 106 人,排第三;排第四的是能够在生活方面提供帮助的被调查者,为 95 人,占比达 40.95%;而能够在就业、社会保障和健康方面提供帮助的被调查者数量较少,分别有 61 人、60 人和 57 人,占比为 26.29%、25.86% 和 24.57%。结果如图 9-14 所示。

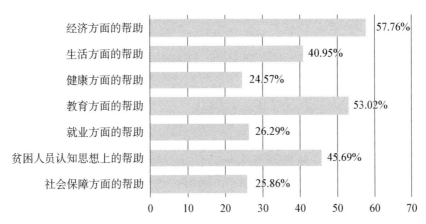

图 9-14　被调查者对于相对贫困帮扶能够提供的资源维度

课题组在调查中,采集了 232 名爱心人士和 5 个机构,将他们的数据输入系统,得到爱心人士的联系方式和愿意帮扶的情况。如图 9-15 所示[①]。

四、链接帮扶主体和帮扶内容功能

在建立基于大数据的贫困监测机制后,要实现贫困监测体系动态管理,实时动态跟踪监测相对贫困人口,构建以大数据信息平台为基础的执行操作平台端,在平台检测到某家庭的一个或者一些指标落入双临界值范围内时,便可下达帮扶指令并具体落实帮扶人员。

---

① 由于篇幅限制,这里只展示一页数据截图。

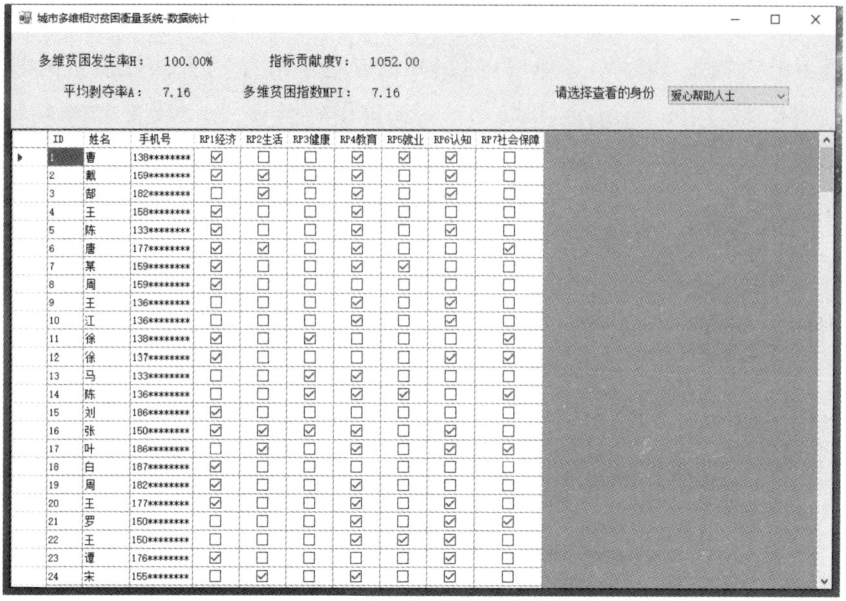

城市多维相对贫困衡量系统-数据统计

多维贫困发生率H： 100.00%　　指标贡献度V： 1052.00

平均剥夺率A： 7.16　　多维贫困指数MPI： 7.16　　请选择查看的身份 爱心帮助人士

ID	姓名	手机号	RP1经济	RP2生活	RP3健康	RP4教育	RP5就业	RP6认知	RP7社会保障
1	曹	138********	☑	☐	☐	☑	☑	☑	☐
2	戴	159********	☑	☑	☐	☑	☐	☑	☐
3	郜	182********	☐	☑	☐	☑	☐	☑	☐
4	王	158********	☑	☐	☐	☑	☐	☐	☐
5	陈	133********	☑	☐	☐	☑	☐	☑	☐
6	唐	177********	☑	☑	☐	☑	☐	☐	☑
7	某	159********	☑	☐	☐	☑	☑	☐	☐
8	周	159********	☑	☐	☐	☐	☐	☐	☐
9	王	136********	☐	☐	☐	☑	☐	☑	☐
10	江	136********	☐	☐	☐	☑	☐	☑	☐
11	徐	138********	☑	☐	☑	☐	☐	☐	☑
12	徐	137********	☑	☐	☐	☐	☐	☑	☑
13	马	133********	☐	☐	☑	☑	☐	☐	☐
14	陈	136********	☐	☐	☑	☑	☑	☐	☑
15	刘	186********	☑	☐	☐	☐	☐	☐	☐
16	张	150********	☑	☑	☑	☑	☐	☑	☐
17	叶	186********	☐	☑	☐	☑	☐	☑	☑
18	白	187********	☑	☐	☐	☐	☐	☐	☐
19	周	182********	☑	☐	☐	☑	☐	☐	☐
20	王	177********	☑	☐	☐	☑	☐	☑	☐
21	罗	150********	☐	☐	☐	☑	☐	☑	☑
22	王	150********	☐	☐	☐	☑	☑	☑	☐
23	谭	176********	☑	☐	☐	☐	☐	☑	☐
24	宋	155********	☐	☑	☐	☑	☐	☑	☐

图 9-15 爱心人士帮扶资源数据举例

利用大数据信息平台对贫困进行动态监测时，应充分利用大数据信息系统进行有针对性的精准化帮扶。当监测到某一贫困家庭因家庭主要成员突发疾病而使主要劳动力丧失劳动收入来源时，信息中心可以精准化匹配帮扶主体和客体，推动民政、人保、医保部门、社区或村委会与该家庭的帮扶对接，实施有针对性的救助和帮扶。

通过本研究建立的系统，可以对相对贫困帮扶主体和客体信息进行集中和链接，进而构建“我国相对贫困网络”，通过各级信息管理员帮助贫困户注册，建立贫困人口与社会组织常态化对接机制。

五、相对贫困监测系统的使用和作用

1. 构建相对贫困预警机制

相对贫困预警机制的主要内容包括：实时监测我国家庭中落入相对贫困双临界值的家庭数量，家庭中各临界值的变动等；及时传达信号，建立"贫困信号灯"，发出预警，提醒有关部门关注。

2. 微观视角下的相对贫困家庭"赋能""回头看"效果监测

首先，建立相对贫困监测机制，要明确贫困监测体系指标，加强相对贫困人口数据和行业部门统计数据的衔接，做大做实基础数据库，建立相对贫困大数据中心，构建相对贫困监测信息平台。

其次，通过大数据技术建立贫困监测体系模型，结合我国经济指标数据等信息不断完善模型功能，根据大数据信息实现精准研判、精准预测和精准救助。

再次，实现相对贫困监测体系动态管理，实时动态跟踪监测相对贫困人口，通过"回头看"，不断比对相对贫困群体前后生活状况，进一步完善救助方案和帮扶措施。

最后，构建完善的扶贫"回头看"制度，建立完善畅通的扶贫信息反馈系统。建立脱贫成果检验、评价、跟踪的"回头看"监管监控机制。该机制能确保相对贫困治理取得成效的持续稳定，并随时发现返贫的苗头。该机制应明确"回头看"的社会监督主体。监督主体由政府、媒体、群众等多方组成。不同的主体能进行更好的全方位监控。建立数据共享机制，确保系统和数据安全。

3. 宏观视角下基于信息系统对我国治理相对贫困的效果监测

（1）主动识别和统计功能

本系统可以识别和统计相对贫困的微观和宏观指标，既绘制"家庭发展图"，也可以绘制宏观的"我国相对贫困地图"。

具体的微观统计指标包括：贫困双临界值 M、非剥夺矩阵 Q、家庭相对贫困维度数量 $k(1 \leqslant k \leqslant 7)$、家庭贫困程度 $z(1 \leqslant z \leqslant 21)$。

宏观统计指标包括：我国多维贫困发生率 $H\left(H=\dfrac{q}{n}\right)$、平均剥夺率 $A\left(A=\dfrac{\sum_{i=1}^{n} C_i(M)}{a}\right)$、指标贡献度 $V\left(V=\dfrac{W_i CH_i}{MPI}\right)$、多维贫困指数 $MPI(MPI=H \times A)$ 以及区域相对贫困人口对总 MPI 的贡献度。

（2）对标国际，助力我国，绘制"相对贫困地图"

综上所述，本系统已经取得初步成效。首先，对标国际，联合国多维贫困指数所包含的统计指标均可以由该系统自动测算出结果。其次,该系统在输入数据后,可以由民政、统计、财政、税务、公安等部门共享。第三,可以助力我国绘制"相对贫困地图",实时掌握我国相对贫困状况和帮扶效果。

六、信息系统改进策略

当前已建立的多维贫困衡量系统操作简单、结果明了,但仍存在较大的改进空间。首先,由于开发者的财力限制,目前系统能够容纳的样本数据保持在 10 000 左右,在正式运营后需要扩大容量,对标我国各城市所有户籍人口,甚至常住人口;其次,如果以第七次普查数据作为输入,该系统的数据统计结果目前较为简单,需要增加具体的概念解释与政策对应,从而提高识别效率;最后是系统主界面与分界面需要增加相应的目录导航,如"返回上一步"提示、"暂时保存"提示等能够帮助用户提高填写效率的快捷按键。

第二节　对标高品质生活,构建按人群类别按需帮扶机制

一、对标高品质生活,构建按人群类别按需帮扶机制

(一) 对标高品质生活的要求,明确相对贫困群体的需求

从第二章对后小康社会与高品质生活对相对贫困治理的要求的论述可知,相对贫困帮扶需要满足四个要求:一是"高",即对标国际标准;二是"更",即衔接"8+1"体系,提出更高标准;三是"全",即衡量维度全面;四是"实",即项目制开展,落到实处。

对标高品质生活,也可知相对贫困治理的最终目的不是施舍,不是单向的"给予",不是一厢情愿的"送钱",而是要实现"人的全面发展",要使得相对贫困群体获得尊严感、获得感、幸福感、满足感和自我实现感。

(二) 水母型分类,分为相对贫困目标人群和低保政策目标人群

从马斯洛需要层次理论可知,相对贫困目标人群具有不同层次的需求。根据该群体本身的能力,我们可以对他们进行分类。

1. 按照人的能力,分为三种群体

森(1976)提出能力指数,认为相对贫困的本质是能力剥夺。本研究认为,可以按照人的能力将目标群体分为三类:一是常态弱势群体,二是动态弱势群体,三是平常人群体。

第一,常态弱势群体。常态弱势群体即平常所称的"鳏、寡、孤、独、残"群体。常态弱势群体的劳动能力差,或者完全丧失劳动能力,基本上属于三无人员,即无劳动能力、无收入来源、无法定赡(抚)养人。这类人群无法通过训练、就业等转为富裕,国家和政府应该对他们进行兜底扶持,以"低保"制度对接,扶持手段以经济为主,主要方式是"输血",以国家救助的方式将他们的生活水平逐步提高。

第二,动态弱势群体。动态弱势群体一般具有劳动能力,或者是暂时性地丧失劳动能力,包括因教育、技能、健康、就业机会、单亲等原因,而暂时性不能获得收入,或者没有稳定收入来源的群体。这类人群暂时性地处于低谷时期,生活水平暂时达不到高品质生活的要求。但是,如果政府给他们注入"血液",给予培训、就业岗位、子女教育帮扶、子女照护帮扶、治病费用补贴等,他们就会提升自己的能力,找到就业岗位,脱离困境。因此,政府和社会应该给予他们的是经济以外的项目制"多维扶助"。

第三,平常人群体。平常人群体具有的能力较强,基本上没有被剥夺的指标和维度。他们是社会发展的主要力量。然而,在他们年幼或者衰老的时候,也需要政府给予一定的扶持。当然,这类扶持,平常人群体一般可以自行付费,家庭能承担得起这类支出。故政府只要给予一定的信息普及,诸如广场、图书馆等公共福利,提供高品质生活获得载体,让

他们自己付费来提高生活品质,达到高品质生活。

2. 对标国际和高品质生活,按两类目标人群建立长效帮扶机制

对标国际和高品质生活,建立相对贫困标准后,可以将目标人群分为两大类:第一类是相对贫困目标人群;第二类是低保政策目标人群。

相对贫困目标人群对应动态弱势群体,即相对贫困标准以下的人群均为目标人群,建立经济补贴以外的帮扶机制。即对于低保标准以上的相对贫困群体,不给予"低保补差"的制度,而是按照项目制,对这类人群进行"缺啥补啥"的项目制帮扶机制。

低保政策目标人群对应常态弱势群体。这类人群适用低保标准,给予经济扶持,即以补差标准的方式,由国家建立兜底制度,国家用财政直接转移支付的方式,保障他们的基本生活品质。"低保"标准可以继续沿用"8+1"体系中的低保标准,按照 CPI 等指标,逐年提高。建立正常的增长机制,建立与消费支出挂钩,为困难群体提供清晰稳定的预期。

对于平常人群体,不需要给予他们特别的帮扶。当然,对标高品质生活,可以在经济社会发展的基础上,加强公共福利建设,发展高铁、机场等交通体系;建设公共公园、广场、图书馆、博物馆等免费场所。这些促进高品质生活的公共产品可以由平常人群体通过付费(以税收方式付费也是付费)的方式享受。如表 9-1 所示。

表 9-1　对标国际和高品质生活,按两类目标人群建立长效帮扶机制

人群分类	低保标准以下	低保标准到相对贫困标准	相对贫困标准以上
常态弱势群体	"低保"标准补差	依据实际情况提高补差标准,如高龄老年人、贫困边缘老人等	—
动态弱势群体	"低保"标准补差	项目制帮扶	—
平常人群体	—	—	依靠市场机制,政府可以给予信息链接

198

(三) 对标国际，按照相对贫困维度和贫困程度分类

1. 7个维度的发生率对比

从国际上的相对贫困衡量和识别来看，绝大多数国家建立了多维贫困指数。按照本研究的调查结果，建立了7个相对贫困识别和衡量维度。这7个维度分别是经济、生活、健康、教育、就业、认知和支持、社会保险。根据第四章设计的模型和第五章的调查统计结果，本研究发现，贫困维度和贫困程度在家庭中并不一致，7个维度相对贫困按照发生率第一到第三的排名如表9-2所示。

表9-2 7个维度相对贫困按照发生率第一到第三的排名和分布

发生率排名	第一位		第二位		第三位	
	维度名称	发生率	维度名称	发生率	维度名称	发生率
单维度	就业	80.1%	认知和支持	73.7%	社会保险	73.6%
双维度	经济+就业	42.9%	经济+社会保险	35.4%	经济+健康	33.0%
三维度	经济+教育+就业	61.2%	经济+就业+社会保险	31.3%	经济+教育+社会保险	31.3%
四维度	经济+就业+认知和支持+社会保险	21.8%	经济+教育+就业+社会保险	17.2%	经济+教育+健康+就业	16.3%
五维度	经济+健康+就业+认知和支持+社会保险	16.1%	经济+生活+教育+认知+社会保险	15.7%	经济+教育+就业+健康+社会保险	13.5%
六维度	经济+健康+教育+就业+认知和支持+社会保险	9.7%	经济+生活+就业+健康+认知和支持+社会保险	7.6%	经济+健康+教育+认知和支持+就业+社会保险	6.3%
七维度	经济+健康+教育+认知+就业+社会保险+生活				4.80%	

7维度相对贫困按照发生率第四到第六的排名和分布如表9-3所示。由表9-3可以看出，排第四的主要维度有：经济、认知和支持、健康、教育、就业等。相对贫困家庭除经济条件差以外，最主要的情况是缺乏社会支持、家有孩子需要照顾和教育、就业技能差、处于未就业状况或

者健康程度差。

表9-3 7个维度相对贫困按照发生率第四到第六的排名和分布

发生率排名	第四位		第五位		第六位	
	维度名称	发生率	维度名称	发生率	维度名称	发生率
单维度	健康	58.7%	经济	48.4%	教育	47.7%
双维度	经济＋认知和支持	32.5%	经济＋教育	24.0%	经济＋生活	19.3%
三维度	经济＋就业＋健康	30.0%	经济＋就业＋认知和支持	28.1%	经济＋健康＋社会保险	25.3%
四维度	经济＋教育＋认知和支持＋就业	15.3%	经济＋健康＋教育＋社会保险	14.3%	经济＋就业＋社会保险	13.9%
五维度	经济＋教育＋认知和支持＋就业＋社会保险	12.3%	经济＋健康＋教育＋认知＋就业	11.6%	经济＋健康＋教育＋认知＋社会保险	10.3%
六维度	经济＋健康＋教育＋就业＋社会保险	6.3%	经济＋教育＋认知＋就业＋社会保险	5.7%	经济＋健康＋教育＋认知＋就业	5.4%

2. 基于维度数量的相对贫困程度对比

对于相对贫困的程度,本研究认为,可以根据发生维度的数量,将所有家庭分为4个等级。如图9-16所示。

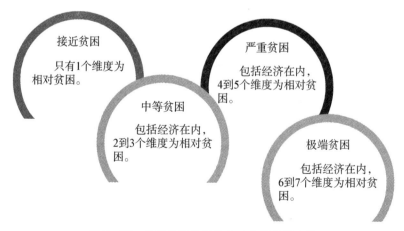

图9-16 基于维度数量的相对贫困程度分类

二、构建具有中国特色的"收入＋多维"帮扶机制

(一) 对标国际,建立相对贫困标准和低保标准并行机制

1. 相对贫困标准和低保标准并行机制的三个阶段

对于相对贫困的界定,既要考虑国际上的认定标准,又要结合我国的实际情况。我们建议,建立相对贫困标准和低保标准并行机制(表9-4)。

表9-4 相对贫困经济标准的三个阶段及其作用

	2021 年至 2035 年	2036 年至 2050 年	2051 年至 2100 年
低保标准	主要用于经济补差	逐步用相对贫困标准替代	废除,用相对贫困标准替代
低收入标准	逐步废除	废除	废除
相对贫困经济标准	主要用于相对贫困群体的帮扶界定,但不给予经济补差,居民人均可支配收入中位数的40%	用于相对贫困群体的经济补差,居民人均可支配收入中位数的50%	用于相对贫困群体的经济补差,居民人均可支配收入中位数的60%
相对贫困其他维度	主要用于相对贫困群体的帮扶内容和项目对接	主要用于相对贫困群体的帮扶内容和项目对接	主要用于相对贫困群体的帮扶内容和项目对接

2. 对标国际,采用社会可支配收入的40%建立相对贫困经济标准

第一,对标国际,建立相对贫困经济标准。世界银行认为,中等收入国家可以建立一条更高水平的贫困标准。在较高发展水平阶段,可以用相对比例的方法来划定贫困线。相对贫困标准要与国家发展战略对接,可以在国家战略的前提下,根据本地情况适当提高相对贫困标准。

2020 年后可以实施两条线,一条是相对贫困标准,按照全国居民家庭人均可支配收入中位数的40%划定,暂时不分家庭类型。另一条是低保线,根据不同家庭类型划分。

划定相对贫困标准的理论和实践依据是：国际上一般采用居民人均可支配收入中位数的一定比例来划定贫困线，如英国是按照中位数的60％划定，OECD国家有的是60％，有的是50％。从发达国家的现状来看，按照这一标准划定的相对贫困线能够基本满足居民对食品和基本服务的需求。欧盟采用60％。世界银行建议中等收入国家采用40％。但考虑到我国的情况，暂时采用中位数的40％标准。

第二，与中国国家发展战略衔接。相对贫困经济标准要与社会主义现代化建设阶段目标相衔接。第一阶段是2020—2035年，"人民生活更为宽裕，中等收入群体比例明显提高，居民生活水平差距显著缩小"。第二阶段是2035年到2050年，采用50％的标准。2051—2100年采用60％的标准。

3. 衔接已有社会救助制度，与低保标准并行

第一，与低保标准并行。对相对贫困群体的救助要与"8＋1"战略全面衔接，实现无缝涵盖全部贫困群体，全面提高被救助对象的救助水平，整体上提升民众的生活质量，通过救助进而缩小贫困群体与富裕群体的收入差距。因此要与现阶段低保标准相衔接。

第二，与先行扶持对象相衔接。发达国家的政策一般分为三种，一是提高社会救助水平，用低保为老弱病残兜底。二是通过税收和转移支付实现收入再分配。三是针对特定人群的扶持措施，例如未成年子女家庭扶助计划，多子女家庭补助津贴、单亲家庭税收豁免，老年收入保障计划等。依靠低保标准保障扶持对象的体制仍要在现有制度下有序运行。

（二）相对贫困标准对标"多维"体系，"项目制"实现多维帮扶

1. 设立较高的相对贫困标准，暂时不对此范围的对象进行经济补差

由于经济补差制度只覆盖低保标准下的贫困群体，在短时间内大幅度提高到相对贫困标准并不现实，可能会引发财政支出的大幅增长。因此，在2020年到2035年期间，可以实行低保标准和相对贫困标准并轨制度；采用逐年快速提高低保标准的方法，在2035年实现低保标准和相

对贫困标准并轨。

2. 以项目制对相对贫困标准下的群体进行帮扶

对于低于相对贫困标准的群体,本研究主张建立项目制帮扶计划,为各个家庭被剥夺的指标建立修复和提升计划。

在调查过程中,我们倾听了一些相对贫困群体的诉求,并且了解到社区和街道实务工作者在工作过程中碰到一些难题,希望有更多的项目支持。依据相对贫困群体的分类,以及人的生命周期的特点,我们建议建立具体的项目及其对应的群体链接(表9-5)。

表9-5 相对贫困标准下各类家庭诉求及其对应的项目设计

序号	家庭类别	家庭属性	诉求	项目设计	项目结果
1	单亲家庭,带教育阶段孩子	动态弱势群体	单亲家庭,在孩子受教育阶段,希望有关于孩子的教育陪伴、心理辅导	社工介入,提供心理辅导和教育陪伴;为单亲的家长提供零散的工作	孩子大专毕业,获得收入,家庭脱离相对贫困,进入平常人群体,获得高品质生活
2	退休贫困老人	常态弱势群体	有退休金,但不高,才1300多元一个月,高于低保标准。但不如做低保户,估计有几千户此类型家庭	刚刚高于低保标准的退休老人,是边缘群体,可以设计高于青壮年的标准	常态弱势群体,被政策覆盖,提高生活质量
3	90岁以上老人	常态弱势群体	提高老年人的待遇,但老人病痛多,希望为老人设计更高的"线",给予补贴;希望更多的服务	提供做饭服务;提供看病陪同服务	常态弱势群体,特殊照顾高龄老人,提高生活质量
4	重残无业家庭	常态弱势群体	家庭有重残无业无法自理子女,担忧百年之后孩子怎么办	建立公立的重残智障子女专业护理机构	常态弱势群体,被政策覆盖,提高生活质量
5	支内返沪家庭	常态弱势群体/动态弱势群体	支内返沪,为国家做出过贡献,要求照顾	"经济支持＋就业扶持"	常态弱势群体/动态弱势群体
6	缺乏监护的儿童青少年	动态弱势群体	社工介入	"教育辅导＋陪伴＋心理疏导"	动态弱势群体

序号	家庭类别	家庭属性	诉求	项目设计	项目结果
7	居住困境家庭	动态弱势群体	与其他家庭合用卫生间和厨房	住房改善	进入平常人群体,获得高品质生活
8	低收入家庭	动态弱势群体	希望多帮孩子参与社会	教育陪伴、社会交往陪伴	进入平常人群体,获得高品质生活
9	就业技能低的家庭	动态弱势群体	希望政府将其纳入免费培训,介绍工作	就业帮扶	进入平常人群体,获得高品质生活
10	纠结于参加社会保险还是享受低保的家庭	动态弱势群体	希望政府理顺低保与社会保险的关系,加入社会保险就丢了低保	保险福利提高	进入平常人群体,获得高品质生活
11	家有残疾人的家庭	动态弱势群体	希望提高残疾人家属在残联工作的待遇,提高家庭经济能力	提高残联的工作待遇和经济补贴,提高残疾人护理	进入平常人群体,获得高品质生活
12	家有孩子叛逆或心理问题	动态弱势群体	希望心理专家或者社工介入,国家补贴费用	心理专家或者社工介入	进入平常人群体,获得高品质生活
13	家长育儿知识匮乏	动态弱势群体	希望进行父母教育	家长亲子教育	进入平常人群体,获得高品质生活
14	全职家庭妇女	动态弱势群体	希望社区介绍一些零工	牵线搭桥	进入平常人群体,获得高品质生活

三、构建多元主体与多维贫困对接匹配机制,实现家庭"跃迁"

(一)家庭跃迁论与相对贫困"赋能"切入口

绝对贫困和相对贫困的理论与实践均证明,家庭贫困具有代际传递和自我循环的特点。家庭的贫困状况不断循环,阻断了家庭享受高品质生活的通道。

在建立解决相对贫困的长效机制的过程中,我们需要建立促使家庭进入更高和更大轨道运行的机制。这种机制也称"赋能"机制。当家庭没有外力帮扶的时候,或者只有最低标准的经济扶助的时候,家庭的正常轨道是实线的运行轨道。家庭陷入一种低级别的循环。电子如同家庭的各个成员,永远沿着实线运行,无法获得能量。这时,需要政府和社会有关部门"赋能",给电子注入能力,进入更高更大的轨道,获得家庭的"高品质生活"和"高质量发展"。

相对贫困标准下的"项目制"帮扶,像低轨道运转的电子受光子撞击后跃入远离贫困中心的高轨道,是政府和社会"赋能"的结果,也是相对贫困治理最长效的机制。

(二) 构建基于福利多元主义的社会参与机制

1. 建构"政府主导、市场参与、相对贫困人口响应"的机制

建立健全多元协同整体帮扶机制,构建相对贫困群体多元福利供给主体。建立以政府为主体,包括企业、社会组织、社区、志愿者参与,相对贫困群体响应的相对贫困治理模式。宏观的经济、社会、政治和环境是造成个体贫困的重要原因,而社会资本的匮乏将使某类人群陷入长期贫困的桎梏。在当前强调"逐步实现共同富裕"的呼吁下,贫困群体不应被排斥在社会发展成果之外,提高个体更广泛的社会参与并充分发挥社会机制在资源配置中的促进作用,能够赋予贫困群体被接纳、被包容的生存空间。

2. 构建相对贫困帮扶主体和客体链接机制

可以通过本研究建立的系统,对相对贫困帮扶主体和客体信息进行集中和链接。建立"相对贫困网",通过各级信息管理员帮助贫困户注册,开展"微心愿"征集,建立贫困人口与社会组织常态化对接机制。

四、使用新的政策用语,实现家庭与政策共同发展

(一) 使用"家庭发展顾问"替代"家庭救助顾问"

如前文所述,相对贫困标准对标国际标准,对标后小康社会的高品质生活和高质量发展,要以发展的眼光来看待一个家庭,以高品质生活

来为家庭"赋能"。因此,我们不再只是对家庭进行被动的救助,而是促进家庭的发展,促进家庭成员的全面发展。

因此,本研究建议在各级政府的政策用语中,用"家庭发展顾问"替代"家庭救助顾问"。"家庭发展顾问"有一种发展的视角,给予相对贫困家庭希望和力量,给予家庭发展的动力。同时,"家庭发展顾问"替代"家庭救助顾问"也体现社会的进步,满足高品质生活中社会群体获得尊严感和获得感、幸福感,避免被帮助群体的自卑和社会排斥。

(二)用"预防贫困发生机制"替代"精准扶贫"

"精准扶贫"在我国发展历史中发挥了重大作用。然而,本研究建议用"预防贫困发生机制"替代"精准扶贫"。因为,我国 2020 年后的发展战略是"建设小康社会",是提高民众生活质量,而不再局限于"扶贫"。无论是对标国际、对标高品质生活还是对标国家发展战略,用"预防贫困发生机制"替代"精准扶贫"都具有非常重大的必要性。

(三)以"相对贫困人口"替代"贫困人口"

在后小康社会,我国已经全面消灭绝对贫困,进入相对贫困治理时代。在政策用语中,本研究建议以"相对贫困人口"替代"贫困人口"。其原因,一是相对贫困标准正式有了相对应的标准,该标准以下的人口均为相对贫困人口;二是相对贫困属于多维贫困,七大维度中,在相对贫困经济标准下,其他任何一个维度被剥夺,都属于相对贫困人口。而"贫困人口"在 1949 年后一般指的是"绝对贫困"。为了区别于"前小康社会"的"绝对贫困",本研究建议用"相对贫困人口"替代"贫困人口"作为政策用语。

第三节　构建相对贫困治理空间结构与时间结构

纵观国际相对贫困发展态势及我国相对贫困发展现状,贫困问题的演化伴随着社会经济发展的步伐而逐渐萌生出新的形态。在过去几十年间，我国在治理绝对贫困问题上屡破难题，取得了收获颇丰的脱贫成果，然而在新时期下，精准扶贫的对象不再局限于无法满足最低生活保障的赤贫人群，而是游离于城市贫富边缘线之外的相对贫困群体。在前文文献研究与实证研究的基础上，本部分将从贫困治理的公共政策视角出发，围绕相对贫困发生机制进行反贫困治理结构探索，通过减贫、扶贫、脱贫三类政策动机构建相对贫困治理空间结构与时间结构，从而逐步解决当前公共政策在相对贫困治理实践过程中出现的短针攻疽问题。

一、识别政策减贫的重难点：相对贫困群体的确定

治贫政策的第一步是要根据致贫因素的差异精准划分相对贫困群体类型。如前文所述，原生环境贫困、能力发展贫困、社会资产贫困、风险防范贫困是本实证研究过程中归纳总结出的主要相对贫困类型。首先，在原生环境贫困中，由于原生家庭所导致的结构性贫困使贫困人口在社会竞争中长期处于弱势地位，代际传递现象在这类群体中时刻呈现，如父辈教育观念落后、文化水平不高导致对子辈能力发展的规划缺乏稳定性，在生活资料匮乏的情况下往往会选择放弃子女教育、催促子女提前进入劳动力市场。其次，在能力发展贫困中，相对贫困人口自身往往缺乏竞争与发展的能力，如职业技能不足、教育程度不高而导致在就业市场中被动选择低工资水平、低技能要求、低收益回报的工作，同时部分群体兼具不正确的贫富观念与发展理念，将影响贫困人口积极脱贫的决心与动机。再次，在社会资产贫困中，贫困人口的收入能够满足家庭经济的基本支出，但是由于收入来源单一且无法为家庭提供满足除了最低生活保障之外的其他需求，当家庭遭遇突发性事件而急需资金周转时将难以维持基本生计要求。最后，在风险防范贫困中，疾病、教育两大支出是贫困人口生计保障中最大的风险来源，贫困家庭整体健康水平较低并伴有慢性疾病、遗传疾病及疾病后遗症，门诊医药报销的重复证明、特殊药物使用的高昂费用等现实问题增加了部分家庭因病致贫的

可能性;而子女的教育支出也成为导致相对贫困发生率提高的关键诱因。

综上,在确定相对贫困人口所属不同类型后,政策制定需要重点关注以下三方面内容:第一,在原先建档立卡贫困户的基础上完善家庭信息以精准识别相对贫困人口并进行归档,利用大数据对四类相对贫困类型分别建立应对措施档案库,档案库中的措施主要来自扶贫济困以来实践效果较好且广受好评的案例典范,从而保证政策制定有证可循;第二,精确瞄准相对贫困人口的困境需求,从收入与支出两个层面提高贫困人口化解致贫风险的能力水平,如开辟多方就业渠道、增设公益性就业岗位、增加帮扶教育资源投入等等;第三,坚持问题导向原则,创新减贫治理思路,在政策制定中发挥社会参与优势,建立社会帮扶的空间治理结构。

二、树立政策扶贫的立足点:内外扶贫机制的联动

治贫政策的第二步是要秉承针对性、一致性和系统性的原则建立扶贫长效机制。考虑到相对贫困人口的内生贫困因素与外生贫困因素,在建立扶贫机制时须同时考虑内外解决机制的联动性以提高扶贫措施的覆盖面。在政策体系的内部扶贫机制方面,首要考虑的是建立多维贫困识别策略,从经济收入、教育状况、健康水平、生活质量、就业情况、社会支持等7个维度进行相对贫困标准界定,通过实证数据对7个标准进行量化,从而帮助扶贫部门根据贫困程度进行精准帮扶和优先扶助;其次,要在帮扶过程中关注政策的反馈与效果,通过制定科学的扶贫绩效考核机制与扶贫部门信息共享机制,解决扶贫过程中信息不对称等问题。在政策体系的外部扶贫机制方面,一方面需从贫困人口的社会参与层面构建社区支持的家庭帮扶系统,鼓励贫困人口积极参与社区活动,提高贫困人口的社区融入与生活质量;另一方面则考虑引入市场机制,通过企业公益性帮扶项目、民生工程等增加贫困人口获取社会资源的渠道。

三、把握政策脱贫的关键点：边缘返贫现象的归因

治贫政策的第三步是要关注边缘群体致贫与返贫现象、特殊群体贫困状态固化现象，对长期性相对贫困现象进行归因分析。如前文所述，边缘群体落入相对贫困区域内的原因离不开家庭收支失衡与生计矛盾，在贫困衡量指标下相对贫困发生最多的是经济维度、健康维度、教育维度、就业维度、认知与支持维度，而结合扎根理论对贫困发生机制进行分析时，同样发现"因病致贫""因病返贫""教育支出致贫"是边缘群体落入贫困陷阱的重要原因。贫困人口意识到外部致贫因素对于家庭内部运行发展的影响力颇丰，但现有的"运动式治理"扶贫方式既无法根除外部致贫因素的绝对威胁，也难以预测外部因素对于家庭发展的影响程度大小。因此，要实现相对贫困人口的"绝对脱贫"必须在致贫归因的基础上考虑从风险防范角度增强贫困人口应对风险的能力，结合脱贫外生能力机制与脱贫内生动力机制，促进相对贫困人口脱贫的主动性与积极性。

第四节　建立相对贫困治理策略与动态帮扶机制

相对贫困具有政治性、长期性、相对性和风险性，治理的重难点涵盖了从群体到区域的不同层面。[①] 在前文实地调研与扎根理论分析的基础上，本部分将探讨如何从多维贫困的社会治理视角构建具有针对性与效能性的相对贫困动态帮扶机制。

---

① 陆汉文，杨永伟.从脱贫攻坚到相对贫困治理：变化与创新[J].新疆师范大学学报（哲学社会科学版），2020,41(05)：86—94＋2.

一、健全政府主导和社会参与机制,打造多元治理贫困新格局

健全政府、市场、相对贫困人口联动协作机制,形成"政府主导、市场参与、相对贫困人口响应"的贫困治理整体性机制。宏观的经济、社会、政治和环境是造成个体贫困的重要原因,而社会资本的匮乏将使某类人群陷入长期贫困的桎梏。[①] 在当前强调"逐步实现共同富裕"的呼吁下,贫困群体不应被排斥在社会发展成果之外,提高个体更广泛的社会参与并充分发挥社会机制在资源配置中的促进作用能够赋予贫困群体被接纳、被包容的生存空间。具体举措有,针对基于双临界值模型中的剥夺矩阵,发挥社会各界力量,协调弥补这些剥夺所造成的影响。例如,加强企业与贫困户的联合,对招聘相对贫困户的企业给予政策优惠或者其他奖励;培育相对贫困户的社会资本,让相对贫困群体加入企业或者政府购买服务的社会组织,如时间银行养老服务,以及其他一些服务;建立社区主导的相对贫困家庭和相对富裕家庭结对服务,若社区中一些相对富裕家庭需要服务,经政府部门考察和有信用保障的相对贫困户家庭可以为这些有需求的家庭提供零散服务,获得报酬;建立消费扶贫,一些事业单位、企业单位等,可以集中消费由相对贫困家庭提供的农产品或者其他产品和服务。

二、强化家庭素能建设与促进机制,综合提升相对贫困家庭能力

对于贫困个体在社会环境中所面临的风险变更与机会缺失,治贫关键在于如何提高个体及家庭参与劳动力市场竞争的能力和水平。早在绝对贫困治理过程中,技能扶贫策略就已经展开实践并取得较好成果。

---

① 周晔馨,叶静怡.社会资本在减轻农村贫困中的作用:文献述评与研究展望[J].南方经济,2014(07):35—57.

而在对待相对贫困问题上,技能扶贫策略应当更具有针对性和可转化性,例如对家庭中不同年龄段的个体所需掌握的劳动技能进行定量评估,确定个体的投入与产出的收益比率,采用职业技能评价与补贴的方式增加个体进入劳动力市场的选择余地;加强政府扶贫部门与各高校、企业的互助合作,通过公益类项目提高技能扶贫的受众范围。如前文所述,相对贫困家庭的贫困维度中,最为常见的有经济维度、就业维度和教育维度等。要使相对贫困家庭获得长久的自我发展能力,就必须提升相对贫困家庭的就业能力,创造就业机会,提供教育扶助。首先,要强化贫困人口的职业技能培训,对于就业维度中的剥夺指标"家庭劳动力没有职业技能证书"和"家庭健康劳动力有人没就业"这两个二级指标,有关部门可以提供就业培训,激励相对贫困家庭中的劳动力积极提升就业技能,参与就业,获得"持续稳定的增收能力"。此外,要激发贫困人口的创业潜能,例如相对贫困家庭创建菜鸟驿站等,政府可以给予房租等优惠;有关部门还可以评选优秀脱贫案例,进行宣传和推广。

对于教育维度的贫困,例如针对二级指标"家中有 18 岁以下子女学习困难需要社会力量提供免费辅导""家中有 18 岁以下子女义务教育阶段辍学"以及"家庭教育性刚性支出(基于家庭运行标准)除以家庭收入大于 1"等,可以建立志愿性免费家教制度和教育扶贫联络员制度,对相对贫困人口家庭的孩子给予 10 年到 12 年的教育或者幼儿园补贴帮助等,促进相对贫困家庭中的子女提高教育水平,形成致富能力,阻断贫困的代际传递。

三、完善公共政策衔接与优化机制,明确政策的目标导向与路径

从当前反贫困治理政策实践来看,扶贫措施的框架离不开供给与需求的精准匹配,从物资帮扶到能力帮扶,从个体性帮扶到结构性帮扶,各类措施政策的出台应接不暇。与此同时,由于政策的类型丰富而存在的内容重复、繁琐问题,同样影响了扶贫的精确性与可靠性。扶贫领域的

公共政策如何更好地衔接以适应政策体系间的目标导向？

第一，要完善政策执行优化机制以增进政策与群体的契合度。公共政策对于相对贫困群体的保障应当以消除致贫本源为基本目标，一方面政府需要通过户籍制度改革增强贫困人群的身份认同感与归属感，加速城乡资源公平流动和公共服务均等化进程，另一方面政府需对扶贫领域内的医疗、教育、就业政策进行不断地优化，通过完善的顶层设计和深入的基层实践增进政策与受众的契合度、提高受众群体的精细度。

第二，改进政策效果评估机制以提高群众对政策的信任度。结合本研究中设计的"相对贫困衡量系统"的使用，在精准确定政策受众群体的前提下采用双向评估的方式制定评估指标体系，对应经济收入、健康状况、教育情况、就业状况、认知发展和社会保障等方面分别设置收入评估、健康评估、发展评估三个具体评估指标。收入评估指标主要针对贫困群体在获得政策帮助后是否提高其生活收入。此处的收入应当包括但不局限于生产经营性收入、工资性收入、财产性收入和转移性收入。[①] 健康评估指标主要针对贫困群体在获得政策帮助后是否改善其健康状况。健康的含义丰富，包括生理健康、心理健康及自评健康，评估各类医疗保障帮扶和救助举措以正确了解个人实际情况。发展评估主要针对个人及家庭的发展能力在政策影响下是否得到提升，从教育、就业及认知方面的基本政策提升贫困群体的自我赋能与社会赋能，从而降低贫困群体在资源竞争中的信息不匹配劣势。

四、构建人文发展和心理服务机制，促进相对贫困家庭全面发展

从当前社会中的家庭运行状况来看，家庭的"贫"并非完全来源于家庭的弱势群体，对于残疾、孤寡、单亲、大病等"贫且弱"的家庭而言，完善

---

① 丁建彪.中国农村扶贫措施成效评估指标选择与分析框架[J].江苏社会科学,2020 (02)：89—98+242.

的政策扶持能够为其提供兜底式的保障并帮助家庭维持一个正常的运转状态；但对于暂无以上情况的"贫而不弱"的家庭，提高家庭中已有劳动力的发展能力是其治贫的关键，如通过引导、教化、激励等方式改变这部分群体的价值取向和思想观念，并结合教育赋能的方式增强个体的市场竞争潜力。根据本研究构建的双临界值模型及实证研究调查结果，相对贫困中的剥夺指标很多属于健康、居住、心理、认知和社会支持维度，这些剥夺指标要蜕变为非剥夺指标，需要构建人文发展机制和心理服务机制。首先，针对生活中的住房指标，要打造健康的人居环境，排查居住困难人群（居住面积和居住质量低于相对贫困标准），积极改善相对贫困家庭的居住环境。对于健康维度，要建立和完善医疗救助机制，确立保障健康机制，对相对贫困人口进行免费体检。对于社会资源方面，可以发动社会力量，为相对贫困家庭提供有助于发展的社会资源。

关于心理和认知方面，一是要着力消除贫困群体的贫困心理，变"要我脱贫"为"我要脱贫"。一方面，加强对贫困群众的思想道德教育；另一方面，充分发挥榜样示范带头的作用。二是要强化贫困群众的获得体验，让他们充分感受到脱贫致富带来的利好之处。三是要正确引导社会比较。对于心理认知有一定偏差、存在"等靠要"思想的家庭，以及有精神或者心理疾病的家庭，可以引入社会工作者或者心理咨询者，采用政府购买服务的方式，提供心理和认知辅导，形成"一户一策"的帮扶机制，促进相对贫困家庭全面发展。

第五节　基于系统动力学的相对贫困治理效率衡量和政策仿真

一、基于系统动力学的相对贫困治理仿真原理

系统仿真是指根据系统分析的目的，在分析系统各要素性质及其相

互关系的基础上,建立能描述系统结构或行为过程,且具有一定逻辑关系或数量关系的仿真模型。然后,根据模型进行试验或定量分析,以获取各种信息,以便形成科学的决策①。

系统动力学系统运作过程就是以下四个基本要素相互影响的过程:首先分析系统的状态,利用状态信息进行决策,从而将决策付诸行动,在运作过程中,某些行动又可能会影响系统的状态,这样就形成了一个反馈回路(图9-17)。

图 9-17 系统动力学运动过程图

在系统动力学中,有两个基本变量,即水平变量和速率变量。其中,水平变量是存量,表示系统的状态并为决策和行动提供基础的信息;速率变量是流量,反映存量的时间变化。信息流入和流出之间的差异随着时间积累而产生存量。

二、基于系统动力学的相对贫困治理子系统建构

(一)模型基本假设

在家庭跃迁的视域下,相对贫困治理是一个连续渐进的过程。在这个体系中,相对贫困治理包括三个环节,从基态到激发态,再到稳态,这是一个层层递进的过程。

假定系统所处的社会经济环境以现有趋势保持稳定发展,运行稳定

① 刘炬.飞行事故模拟仿真系统设计与实现[D].成都:电子科技大学,2010.

且持续。在政府不采取重大改革措施，不出现大型社会危机的情况下，相对贫困治理模式将保持现有发展方向稳步推进。结合前文分析，在构建相对贫困治理模型时需考虑需方与供方两个主体，从需方出发，我们需要将相对贫困人口总数及其变动、各类剥夺指标情况的人数、对 7 个指标维度的需求数分别纳入需方主要因素中；从供方出发，则要考虑国家与社会在 7 个维度上提供的社会资源、脱贫率与措施利用率、脱贫工作人员数等 3 个方面。模型基本要素如表 9-6 所示。

表 9-6　主要因素选取

需方主要因素的选取	相对贫困人口总数及其变动 各类剥夺指标情况的人数 对 7 个指标维度的需求数
供方主要因素的选取	国家和社会在 7 个维度上提供的社会资源 脱贫率与措施利用率 脱贫工作人员数

（二）模型的适用性分析

系统动力学中所蕴含的因果关系、系统反馈等适用于分析本研究中的家庭跃迁、相对贫困模式和治理效率间的关系，具体如下：

家庭跃迁维度包括 7 个维度 21 个指标。家庭跃迁的影响因素较多且关系复杂，而系统动力学能够将家庭跃迁、相对贫困模式和治理效率间的相互影响关系进行模拟，使家庭跃迁通过相对贫困模式影响治理效率的问题能够得到全方位的展示。基于系统动力学模型，可以采用因果关系图、系统流图和仿真分析，来模拟家庭跃迁不同阶段下相对贫困模式的规律，及其对相对贫困治理效率的作用。这有利于更好地分析家庭跃迁、相对贫困模式和治理效率之间的动态关系。

（三）子系统的构建

本研究构建的相对贫困治理系统旨在以脱贫成效为出发点，围绕前文 7 个指标维度，通过仿真模拟，明确相对贫困的发生机制以及相对贫困的治理模式,量化相对贫困治理缺口,对已有的相对贫困治理措施再进行补充。依据相对贫困的 7 个指标维度,可将该系统划分为经济帮扶子系统、生活帮扶子系统、健康帮扶子系统、教育帮扶子系统、就业帮扶子系统、认知与社会支持子系统、社会保障子系统共 7 个子系统。

本研究根据 7 个子系统的因果关系构建因果关系图,图中的箭头附近,用"+"表示正向关系,用"-"表示反向关系,其含义是指由于某种因素变化导致相对应结果因素的增大或减少。

1. 经济帮扶子系统

在确定经济维度指标时,本研究选取的是家庭人均收入和家庭刚性支出指标,因此,本研究的经济帮扶子系统一方面由家庭人均收入来决定,另一方面由家庭刚性支出决定。为了全面体现经济指标,本研究将以上两方面因素统一,使用"家庭收入支出比"作为搭建两类指标的桥梁。

首先,经济帮扶需求量的确定。由前文可知,经济帮扶需求量的确定主要由家庭收入支出比以及经济指标剥夺人数来决定。

其次,经济帮扶供需缺口的关系确定。家庭经济帮扶供需缺口的确定一方面受到家庭需求总量的影响,另一方面也受到经济帮扶供给的影响,在本研究中,把当地的经济补助金额作为经济帮扶供给量。

2. 生活帮扶子系统

在确定生活维度指标时,本研究选取家庭人均住房面积、是否拥有独立卫生间、是否拥有独立厨房作为衡量指标。

首先,生活帮扶需求量的确定。由前文可知,生活帮扶需求量由被剥夺生活指标的人数来决定。

其次,生活帮扶供需缺口的关系确定。家庭生活帮扶供需缺口的确定一方面受到家庭需求总量的影响,另一方面也受到生活帮扶供给的影响。

3. 健康帮扶子系统

在确定健康维度指标时,本研究选取了重大疾病指标、残疾人数指标、患精神疾病人数指标和需长期照料人数指标。

首先,家庭健康帮扶需求量的确定。由前文可知,家庭健康帮扶需求量由被剥夺健康指标的人数来决定,主要包括家中患重大疾病人数、残疾人数、患精神病人数以及需长期照料人数。

其次,家庭健康帮扶供需缺口的关系确定,一方面受到家庭需求总量的影响,另一方面也受到健康帮扶供给的影响。在本研究中,把社会保障中长期护理保险的参保率和医疗保险参保率作为健康帮扶供给量。

4. 教育帮扶子系统

在确定教育指标时,本研究选取了教育辅导和义务教育阶段是否辍学两个指标。

首先,教育帮扶需求量的确定。由前文可知,教育需求由被剥夺教育指标的人数来确定,主要包括教育辅导和义务教育阶段是否辍学两部分。

其次,教育帮扶供需缺口的关系确定,一方面受到家庭需求总量的影响,另一方面也受到教育帮扶供给的影响。在本研究中,我们选取"家长目前能支持自己孩子读到什么程度"以及当地教育辅导机构数和公办学校数作为教育供给量。

5. 就业帮扶子系统

在确定就业指标时,本研究选取了健康劳动力没有就业这一指标和是否拥有劳动技能证书指标。

首先,就业帮扶需求量的确定。由前文可知,就业需求由被剥夺就业指标的人数来确定。主要包括家庭健康劳动力没有就业数和是否拥有劳动技能证书两部分。所以就业帮扶需求的确定主要由家庭健康劳动力未就业数占家庭健康劳动力的比例以及没有劳动技能证书的劳动力占家庭劳动力总人数的比重来确定。

其次,就业帮扶供需缺口关系的确定,一方面受到家庭需求量的影响,另一方面也受到就业帮扶供给的影响。在本研究中,我们选取"家庭参加失业保险人数"作为就业帮扶供给量指标。

6. 认知与社会支持子系统

认知与社会支持子系统主要包括是否存在"等靠要"思想和是否有

社工提供服务两个方面。思想上的认知是家庭实现跃迁的主要表现，也是家庭进入正常轨道运行所必须具备的要素。

7. 社会保障子系统

社会保障子系统考察家庭在相对贫困治理前后参加各种社会保险的人数变化。包括 6 个保险：养老保险、医疗保险、工伤保险、失业保险、生育保险和长期护理保险。

三、模型 SD 流图绘制与分析

（一）家庭跃迁、相对贫困治理模式和治理效率的系统分析

基于系统动力学模型，构建家庭跃迁、相对贫困治理模式和治理效率的系统动力学模型，是为了解决以下问题：首先，直观地展示家庭跃迁、相对贫困治理模式和治理效率三者间的相互作用关系；其次，系统地分析家庭跃迁通过相对贫困治理模式变动对治理效率的影响机制，以及相对贫困治理模式构成要素对系统的影响①；再次，改变相对贫困治理模式各构成要素变化的系统参数，模拟不同参数下相对贫困治理模式的变化情况，分析不同的治理模式对相对贫困治理效率的影响。

为实现以上目标，本研究将家庭跃迁、相对贫困治理模式和治理效率的整体系统划分为"家庭跃迁、相对贫困综合型模式、治理效率"；"家庭跃迁、相对贫困针对型模式、治理效率"；"家庭跃迁、相对贫困全面型模式、治理效率"以及"家庭跃迁、相对贫困项目制模式、治理效率"4 个子系统绘制 SD 流图。

（二）因果关系模型与主要反馈

依据家庭跃迁、相对贫困治理模式和治理效率之间关系分析，建立

---

① 郭韬等. 制度环境、商业模式与创新绩效的关系研究——基于系统动力学的仿真[J]. 管理评论，2019(09)：193—206.

家庭跃迁、相对贫困治理模式和治理效率之间的因果关系,如图 9 - 18 所示。其中,该系统包含的主要反馈如下:

家庭开支→家庭跃迁→家庭生活条件→相对贫困治理模式→治理效率。

家庭开支→贫困→治理效率→家庭生活条件→相对贫困治理模式。

家庭跃迁→相对贫困治理模式→治理效率。

家庭跃迁→收入→家庭生活条件→相对贫困治理模式→治理效率。

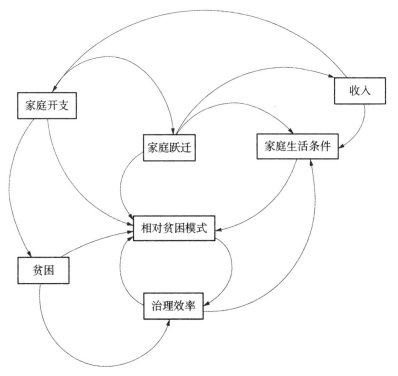

图 9 - 18　家庭跃迁、相对贫困治理模式和治理效率之间的因果回路图

(三) 模型假设与系统流图

对本研究的系统动力学模型做出以下模型假设。

首先,在家庭跃迁、相对贫困治理综合型模式和治理效率子系统中, 治理效率主要通过相对贫困综合型模式对整个子系统产生影响。据此,构建子系统的系统流图,如图 9-19 所示。

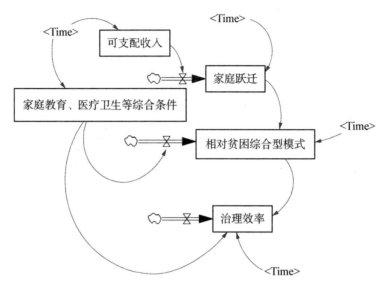

图 9-19 家庭跃迁、相对贫困治理综合型模式和治理效率之间的系统流图

其次,在家庭跃迁、相对贫困治理针对型模式和治理效率子系统中,治理效率主要通过相对贫困针对型模式对整个子系统产生影响。据此,构建子系统的系统流图,如图 9-20 所示。

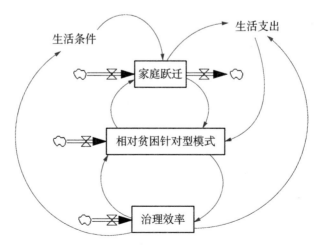

图 9-20 家庭跃迁、相对贫困治理针对型模式和治理效率之间的系统流图

再次,在家庭跃迁、相对贫困治理全面型模式和治理效率子系统中,治理效率主要通过相对贫困治理全面型模式对整个子系统产生影响。据此,构建子系统的系统流图,如图9-21所示。

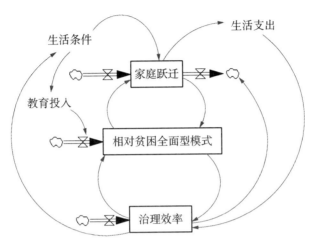

图9-21 家庭跃迁、相对贫困治理全面型模式和治理效率之间的系统流图

最后,在家庭跃迁、相对贫困治理项目制模式和治理效率子系统中,治理效率主要通过相对贫困治理项目制模式对整个子系统产生影响。据此,构建子系统的系统流图,如图9-22所示。

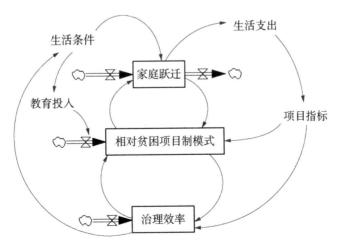

图9-22 家庭跃迁、相对贫困治理项目制模式和治理效率之间的系统流图

四、研究结论与借鉴意义

（一）研究结论

为揭示家庭跃迁通过相对贫困治理模式变动对治理效率的影响机制，本研究构建了家庭跃迁、相对贫困治理模式和治理效率的系统动力学模型。本研究运用 Vensim PLE 软件，通过选取合适的指标，对模型进行仿真分析。仿真分析的结果表明：一方面，相对贫困治理模式不同，所产生的家庭跃迁结果不同；另一方面，当相对贫困治理模式发生改变时，家庭跃迁视域下相对贫困治理效率会随之有规律地变动。

（二）借鉴意义

本研究以家庭跃迁为基准来衡量相对贫困治理效率，探讨影响相对贫困治理效率的因素和提升相对贫困治理效率的方法，并进行相对贫困多元协同治理模式优选，为我国后小康社会实现全体国民高品质生活提供实效性的政策建议。设置相对贫困家庭跃迁维度和衡量指标体系，建立相对贫困多元协同治理机制。实现相对贫困治理资源有效配置，有效提升相对贫困家庭的能级，达到脱离相对贫困后的"最终定态"，进入正常家庭运行轨道，促进我国全体国民高品质生活的实现，为后小康社会我国的国家战略服务。

首先，认为我国亟需建立相对贫困多元协同治理机制。相对贫困与绝对贫困既有区别又有联系，主要区别是除了"贫"的经济维度外，还涉及"困"的多种维度。多元协同治理有利于为相对贫困家庭"赋能"，实现相对贫困家庭跃迁。

其次，主张建立相对贫困家庭档案数据库。构建家庭跃迁指数，以家庭跃迁程度来衡量相对贫困治理效率。构建家庭跃迁模型和家庭跃迁指标体系，跟踪调查家庭的"基态—激发态—定态"，并以此作为相对贫困治理效率衡量的依据。

再次，主张以项目制建立相对贫困治理主体与客体、治理内容需求与供给的匹配机制。根据家庭跃迁模型的 7 个维度 21 个指标，建立面向各个不同家庭基态的项目，以项目来补齐相对贫困家庭的"短板"。根据家庭跃迁模型，绝对贫困家庭、相对贫困家庭和正常家庭分别在三个不同大小的轨道上运行，相对贫困治理的实质是为相对贫困家庭注入能量，促使相对贫困家庭进入正常家庭运行轨道。相对贫困家庭的跃迁包括三个状态：初始基态、激发态、最终定态。激发态的家庭仍会出现返贫现象，并不稳定。达到定态的家庭则进入正常家庭运行轨道，实现了家庭的长效跃迁。

最后，建立"以相对贫困家庭为中心"的治理理念，以相对贫困家庭实现跃迁为最终目标。改变以往把精准扶贫和社会救助工作本身、救助金额、救助工作人员数量等作为相对贫困治理成效的视角。认为相对贫困治理的视角应该从传统的关注相对贫困的识别和衡量，转向相对贫困治理效率提升研究和模式优选研究。相对贫困识别和衡量是我国相对贫困治理的基础，在众多学者研究识别与衡量的基础上，学术研究有必要重视相对贫困治理效率。本研究运用系统动力学模型，尝试从家庭跃迁视角构建相对贫困治理系统流图，但对于相对贫困治理政策仿真分析还需要做进一步推进。

参考文献

［1］王大超,张远军. 转型期中国社会贫困问题的类型判断［J］. 经济纵横,2002
    (05)：21-24.

［2］姚建平. 我国城市贫困线与政策目标定位的思考［J］. 社会科学,2009(10)：68-
    76+189.

［3］朱冬亮. 贫困"边缘户"的相对贫困处境与施治［J］. 人民论坛,2019(07)：58-
    60.

［4］杨立雄,谢丹丹."绝对的相对",抑或"相对的绝对"——汤森和森的贫困理论
    比较［J］. 财经科学,2007(01)：59-66.

［5］付琳赟. 相对剥夺视角下的三峡库区城镇：云阳县莲花市场和水库路的个案分
    析［J］. 科技与企业,2012(21)：230-231.

［6］莫顿. 社会理论和社会结构［M］. 南京：译林出版社,2015.

［7］Townsend, Peter. （1979）Poverty in the United Kingdom, University of
    California Press.

［8］Schervish, Paul G.. （1981）Review：Poverty in The United Kingdom：A
    Survey of Household Resources and Standards of Living, The Annals of the
    American Academy of Political and Social Science 456(July 1981).

［9］Chamber. Poverty and Livelihood：whose Reality Counts?［J］. Economic
    Review, 1995(02)：173-204.

［10］郭熙保,罗知. 论贫困概念的演进［J］. 江西社会科学,2005(11)：38-43.

［11］迪帕·纳拉扬等著. 付岩梅等译. 谁倾听我们的声音［M］. 北京：中国人民大学
    出版社,2001.

［12］世界银行. 2000/2001年世界发展报告［R］. 北京：中国财政经济出版社,2001.

［13］洪华喜,马骏. 中国区域经济运行·模式·比较［M］. 昆明：云南大学出版
    社,1996.

［14］朱姝,冯艳芬,王芳. 粤北山区相对贫困村的脱贫潜力评价及类型划分——以
    连州市为例［J］. 自然资源学报,2018(08)：1304-1316.

［15］李权超,陆旭. 老年健康促进［M］. 北京：军事医学科学出版社,1999.

［16］关信平. 中国城市贫困问题研究［M］. 长沙：湖南人民出版社,1999.

［17］辛秋水. 辛秋水文集上［M］. 北京：中国科学社会出版社,2013.

［18］陈芳妹,龙志和. 相对贫困对农村劳动力迁移决策的影响研究——来自江西的
    经验分析［J］. 南方经济,2006(10)：62-68.

［19］丁谦. 关于贫困的界定［J］. 开发研究,2003(06)：63-65.

[20] 张殿发,王世杰.贵州反贫困系统工程[M].贵阳:贵州人民出版社,2003.

[21] 李石新.中国经济发展对农村贫困的影响研究[M].北京:中国经济出版社,2010.

[22] 纪德尚.世纪之交中国经济增长与社会发展的问题研究[M].西安:陕西人民出版社,1998.

[23] 刘建华,张云松.节约型社会辞典[M].北京:中国财政经济出版社,2006.

[24] 童星,林闽钢.我国农村贫困标准线研究[A].中国扶贫论文精粹[C].北京:中国扶贫基金会,2001(18).

[25] 朱登兴,安树伟.中国农村贫困问题与城镇贫困问题比较研究[J].当代财经,2001(09):20-23.

[26] 吴海涛.贫困动态性理论与实证[M].武汉:武汉大学出版社,2013.

[27] 唐钧.后小康时代的相对贫困与贫困家庭生活方式[J/OL].党政研究:1-14.

[28] Sen,A.K.(1976).Poverty:an ordinal approach to measurement. Econometrica. 44(2),219-231.

[29] Sen,A.K.(1979). Issues in the measurement of poverty. Scandinavian J. Economics. 81,285-307.

[30] 林擎国.社会和人口统计分析概论[M].北京:中国统计出版社,1994.

[31] 唐钧.中国城市居民贫困线研究[M].上海:上海科学出版社,1998.

[32] 阿马蒂亚·森著.任赜,于真译.以自由看待发展[M].北京:商务印刷馆,2001.

[33] Grootaert C[A]. Paul Dekker,Eric M. Uslaner. Socialcapital and participation in everyday life[C]. London:Routledge,2001.

[34] Atkinson,A.B. Multidimensional Deprivation:Contrasting Social Welfare and Counting Approaches[J]. Journal of Economic In equality. 2003(1).

[35] Chakravarty,S.R.,Deutsch,J.,Silber,J. On the WattsMultidimensional Poverty Index and Its Decomposition[J]. Journal of World Development,2008(36).

[36] Brandolini,A. On applying synthetic indices of multidimensional well-being:health and income inequalities in France,Germany,Italy,and the United Kingdom[R]. Bank of Italy Temidi Discussion Working Paper No. 668,2008.

[37] Alkire,Santos,M.E. Acute Multidimensional Poverty:A New Index for Developing Countries[Z]. OPHI Working Paper No. 38,2010.

[38] Sabina Alkire,James Foster.(2011). Counting and multidimensional poverty measurement. Journal of Public Economics95,476-487.

[39] 王小林,冯贺霞.2020年后中国多维相对贫困标准:国际经验与政策取向[J].中国农村经济,2020,3:2-21.

[40] 张昭,吴丹萍.多维视角下贫困的识别、追踪及分解研究——基于中国家庭追踪调查(CFPS)数据[J].华中农业大学学报(社会科学版),2018(03):90-99.

[41] 蒋南平,郑万军.中国农村人口贫困变动研究——基于多维脱贫指数测度[J].经济理论与经济管理,2019(02):78-88.

[42] 张民省.新编社会保障学[M].太原：山西人民出版社,2015.

[43] 王翠翠,夏春萍,蔡轶.几种贫困线测算方法的比较分析与选择[J].新疆农垦经济,2018(04)：79-85.

[44] 张茜.多维贫困视角下中国农村贫困家庭的识别研究[D].北京：首都经济贸易大学,2018.

[45] 魏月皎,葛深渭.相对贫困理论及其治理对策的研究进展[J].贵州师范大学学报,2020(03)：76-86.

[46] 冯素杰,陈朔.论经济高速增长中的相对贫困[J].现代财经(天津财经大学学报),2006(01)：78-81.

[47] 周晔馨,叶静怡.社会资本在减轻农村贫困中的作用：文献述评与研究展望[J].南方经济,2014(07)：35-57.

[48] 张传洲.相对贫困的内涵、测度及其治理对策[J].西北民主大学学报(哲学社会科学版),2020(02)：112-119.

[49] 李青丽.建立健全西北贫困地区文献信息保障机制[M].乌鲁木齐：新疆科学技术出版社,2007.

[50] 宋福忠,许鲜苗,赵洪彬.重庆市相对贫困地区统筹城乡发展困难与措施研究[J].重庆大学学报(社会科学版),2010(05)：18-24.

[51] 张辉,田建民,李长法.河南省粮食主产区相对贫困问题的成因与对策[J].河南农业科学,2009(11)：5-8.

[52] 席雪红.河南省农村居民相对贫困动态演化的实证研究[J].安徽农业科学,2012(18)：9933-9935.

[53] 张辉,雒佩丽.河南省黄淮四市相对贫困问题成因与对策[J].江西农业学报,2010(11)：145-148.

[54] 李永友,沈坤荣.财政支出结构、相对贫困与经济增长[J].管理世界,2007(11)：14-26.

[55] 秦建军,戎爱萍.财政支出结构对农村相对贫困的影响分析[J].经济问题,2012(11)：95-98.

[56] 李盛基,吕康银,朱金霞.财政支出、经济增长与农村贫困——基于1990—2008年时间序列数据的实证分析[J].东北师大学报(哲学社会科学版),2014(03)：100-104.

[57] 王湛晨,李国平,刘富华.水电工程移民相对贫困特征与致贫因素识别[J].华中农业大学学报,2021(02)：50-58.

[58] 霍艳丽,童正荣.从制度因素视角分析我国的相对贫困现象[J].技术与市场,2005(04)：41-42.

[59] 张传洲.相对贫困的内涵、测度及其治理对策[J].西北民主大学学报(哲学社会科学版),2020(02)：112-119.

[60] 毛广熊.苏南模式城市化进程中的农村相对贫困问题[J].人口与经济,2004(06)：7-11.

[61] 赵伦.相对贫困从个体归因到社会剥夺[J].商业时代,2014(18)：36-37.

[62] 张彦,孙帅.论构建"相对贫困"伦理关怀的可能性及其路径[J].云南社会科

学,2016(03)：7-13.

[63] 张琦,杨铭宁,孔梅.2020 后相对贫困群体发生机制的探索与思考[J].新视野, 2020(02)：26-32+73.

[64] 黄匡时：《脆弱性分析与脆弱人口的社会保护》,《2009 中国可持续发展论坛暨 中国可持续发展研究会学术年会论文集》(上册),中国可持续发展研究会, 2009 年.

[65] DFID, Sustainable Livelihoods Guidance Sheets, London：Department for International Development，1999,1-10.

[66] 彼得·汤森.贫困的意义[J].英国社会学,1962(01)：210-227.

[67] 彼得·汤森.英国的贫困：家庭财产和生活标准的测量[M].伦敦：阿伦莱斯 和培根图书公司,1979：1.

[68] 辛秋水.走文化扶贫之路——论文化贫困与贫困文化[J].福建论坛(人文社会 科学版),2001(03)：16-20.

[69] 刘易斯.贫穷文化：墨西哥五个家庭一日生活的实录[M].台北：巨流图书公 司,2004.

[70] 王亚飞,董景荣.新农村建设中的文化贫困问题与对策——破解"三农"问题的 一种视角[J].农业现代化研究,2008(03)：285-288.

[71] 唐钧.中国城市居民贫困线研究[M].上海：上海科学出版社,1994.

[72] 黄忠晶."绝对贫困与相对贫困"辨析[J].天府新论,2004(02)：76-77.

[73] 蔡玲.论清除绝对贫困减少相对贫困——基于实证的角度提出政策化建议 [J].现代商贸工业,2013,25(06)：35-36.

[74] 李卫东.从解决绝对贫困到解决相对贫困[J].中国民政,2019(23)：29-30.

[75] 刘祖云.贫困梯度蜕变、梯度呈现与创新贫困治理——基于社会现代化视角的 理论探讨与现实解读[J].武汉大学学报(哲学社会科学版),2020,73(04)： 154-161.

[76] 向德平,向凯.多元与发展：相对贫困的内涵及治理[J].华中科技大学学报(社 会科学版),2020,34(02)：31-38.

[77] 王小林,冯贺霞.2020 年后中国多维相对贫困标准：国际经验与政策取向[J]. 中国农村经济,2020(03)：2-21.

[78] 田一苗.贫困线的变迁和测量：从绝对贫困到相对贫困[J].统计与管理,2017 (01)：87-88.

[79] 孙久文,夏添.中国扶贫战略与 2020 年后相对贫困线划定——基于理论、政策 和数据的分析[J].中国农村经济,2019(10)：98-113.

[80] 吴振磊,王莉.我国相对贫困的内涵特点、现状研判与治理重点[J].西北大学 学报(哲学社会科学版),2020,50(04)：16-25.

[81] 蔡玲.论清除绝对贫困减少相对贫困——基于实证的角度提出政策化建议 [J].现代商贸工业,2013,25(06)：35-36.

[82] 王雪岚.从绝对贫困治理到相对贫困治理：中国精准扶贫长效机制的实践路径 分析[J].沈阳工程学院学报(社会科学版),2020,16(01)：52-57+90.

[83] 左停,贺莉,刘文婧.相对贫困治理理论与中国地方实践经验[J].河海大学学

报(哲学社会科学版),2019,21(06):1-9+109.

[84] 李卫东.从解决绝对贫困到解决相对贫困[J].中国民政,2019(23):29-30.

[85] 刘祖云.贫困梯度蜕变、梯度呈现与创新贫困治理——基于社会现代化视角的理论探讨与现实解读[J].武汉大学学报(哲学社会科学版),2020,73(04):154-161.

[86] 吴振磊,王莉.我国相对贫困的内涵特点、现状研判与治理重点[J].西北大学学报(哲学社会科学版),2020,50(04):16-25.

[87] 郝聪聪,陈训波.解决相对贫困长效机制的路径探析[J].现代农业科技,2020(10):202-204.

[88] 孙久文,夏添.中国扶贫战略与2020年后相对贫困线划定——基于理论、政策和数据的分析[J].中国农村经济,2019(10):98-113.

[89] 陈基平,沈扬扬.从关注生存需求到关注平衡发展——后2020我国农村向相对贫困标准转变的政策与现实意义[J].南京农业大学学报,2021(02):73-84.

[90] 范和生,武政宇.相对贫困治理长效机制构建研究[J].中国特色社会主义研究,2020(01):63-69.

[91] 王雪岚.从绝对贫困治理到相对贫困治理:中国精准扶贫长效机制的实践路径分析[J].沈阳工程学院学报(社会科学版),2020,16(01):52-57+90.

[92] 周侃,盛科荣,樊杰,刘汉初,伍健雄.我国相对贫困地区高质量发展内涵及综合施策路径[J].中国科学院院刊,2020,35(07):895-906.

[93] 于光军.消除绝对贫困向解决相对贫困的战略递进及政策调整研究——以内蒙古脱贫攻坚工作为样本[J].内蒙古社会科学,2020,41(04):206-212+4.

[94] 郑继承.构建相对贫困治理长效机制的政治经济学研究[J].经济学家,2020(05):91-98.

[95] 范和生,武政宇.相对贫困治理长效机制构建研究[J].中国特色社会主义研究,2020(01):63-69.

[96] 罗必良.相对贫困治理:性质、策略与长效机制[J].求索,2020(06):18-27.

[97] 曾福生.后扶贫时代相对贫困治理的长效机制构建[J].求索,2021(01):116-121.

[98] 陈健.全面建设社会主义现代化国家视域下相对贫困治理研究[J].云南民族大学学报(哲学社会科学版),2021,38(01):5-13.

[99] 汪鹏.建立解决相对贫困长效机制的着力点[J].中国党政干部论坛,2020(02):66-69.

[100] 李斌.加快构建解决相对贫困的长效机制[J].农村.农业.农民(B版),2020(03):20-21.

[101] 王文明.建立健全全面建成小康社会后解决相对贫困问题的长效机制[J].黄河科技学院学报,2020,22(04):67-73.

[102] 李洪,蒋龙志,何思妤.农村相对贫困识别体系与监测预警机制研究——来自四川省X县的数据[J].农村经济,2020(11):69-78.

[103] 严新明,朱萌.新时代中国解决相对贫困的可行性及对策[J].改革与战略,

2020,36(03)：77－85.

[104] 石恒贵,胡赫.财政专项扶贫资金的使用现状及减贫效应研究——基于重庆市 33 个有扶贫任务区县的实证分析[J].财政监督,2020(10)：81－87.

[105] 王国敏,何莉琼.我国相对贫困的识别标准与协同治理[J/OL].新疆师范大学学报(哲学社会科学版),2021(03)：1－12.

[106] 朱德忠,张琴.基于面板数据的金融扶贫效果探析——以安徽省为例[J].安徽农业大学学报(社会科学版),2020,29(03)：13－17.

[107] 侯良丹.关于金融精准扶贫难点及对策研究[J].商讯,2020(18)：92＋94.

[108] 李欣航,崔璨.新形势下金融减贫长效机制的构建[J].商业经济,2020(04)：166－168.

[109] 孙继国,韩开颜,胡金焱.数字金融是否减缓了相对贫困?——基于 CHFS 数据的实证研究[J].财经论丛,2020(12)：50－60.

[110] 于卫佳.探索助力解决相对贫困的消费扶贫长效机制[N].中国城乡金融报,B03 版,2021－02－05.

[111] 金发奇,言珍,吴庆田.数字普惠金融减缓相对贫困的效率研究[J].金融发展研究,2021(01)：14－21.

[112] 罗明忠,邱海兰.农机社会化服务采纳、禀赋差异与农村经济相对贫困缓解[J/OL].南方经济：1－17.

[113] 刘大伟.教育改善贫困的证据：基于微观社会调查的实证分析[J].教育研究,2020,41(04)：115－124.

[114] 廖龙,王贝.中国职业教育精准扶贫：发展历程、实践模式及未来走向[J].职业技术教育,2020,41(13)：63－67.

[115] 袁利平,李君筱.教育缓解相对贫困的实践逻辑与路径选择[J].苏州大学学报,2021,9(01)：39－47.

[116] 马建富,刘颖,王婧.后扶贫时代职业教育贫困治理：分析框架与策略选择[J].苏州大学学报,2021,9(01)：48－55.

[117] 周晔馨,叶静怡.社会资本在减轻农村贫困中的作用：文献述评与研究展望[J].南方经济,2014(07)：35－57.

[118] 张彦,孙帅.论构建"相对贫困"伦理关怀的可能性及其路径[J].云南社会科学,2016(03)：7－13.

[119] 李海金.全面建成小康社会与解决相对贫困的扶志扶智长效机制[J].中共党史研究,2020(06)：17－23.

[120] 王维新."后扶贫时代"激发相对贫困群众内生动力研究[J].中国市场,2021(01)：176－178.

后 记

在我国相对贫困治理和共同富裕的时代背景下,本书的研究具有重要的意义。华东师范大学经济与管理学部公共管理学院社会保障学研究所、华东师范大学公共政策研究中心、华东师范大学经济与管理学部养老保障与公共政策创新研究团队经历了艰苦的研究工作,撰写了本书,希望能为中国治理相对贫困,实现共同富裕道路上公共政策的创新和重构提供具有时效性和针对性的政策建议。

本书的主要作者是华东师范大学经济与管理学部公共管理学院社会保障学研究所所长、公共政策研究中心副主任、华东师范大学经济与管理学部养老保障与公共政策创新研究团队负责人曹艳春副教授。曹艳春副教授负责全书的提纲制订和框架设计,撰写了第一章的第一节、第二节、第三节、第四节和第五节,第三章、第四章,第八章的第一节,第九章的第一节和第二节;负责第一章到第九章的内容和结构的安排,并对全书内容进行了统稿和校对。

华东师范大学经济与管理学部公共管理学院叶怡君撰写了第一章的第三节,第二章的第三节,第六章和第九章的第三节与第四节,并负责设计问卷和访谈提纲。

华东师范大学经济与管理学部公共管理学院卢欢欢和王磊撰写了第九章的第五节。

华东师范大学经济与管理学部公共管理学院师玉丽、程钟悦、涂辉、杨抒奕、朱定泽、马玥、郜馨怡、李超然等共同参与了第二章的第二节和第三节,第七章和第八章第二节的撰写,并且实地进行调研,设计问卷、收集问卷调查结果和处理数据,撰写案例。本书第九章第一节的系统由华东师范大学陈旻设计。

湖北长江报刊传媒(集团)有限公司编辑刘艺撰写了第二章的第

一节。

桂林理工大学公共管理与传媒学院章昌平教授、常继元和陈淑萌共同撰写了第五章。

在本书完成过程中，得到了上海远东出版社的大力支持，其编辑团队认真负责，细致耐心，和作者进行深入探讨，求证细节。在此，对他们的辛勤付出表示衷心的感谢！

本书力求针对相对贫困治理和共同富裕建构提出一些创新性的观点和政策建议。对被引用和借鉴资料的有关部门和相关作者表示衷心的感谢！由于时间仓促，本书错误在所难免，敬请各位读者批评指正。

作者

2021 年 11 月